体ほぐし・インプロ・表現

体育と演劇教育で〈生きる力〉を育む

栗原 茂

晩成書房

体ほぐし・インプロ・表現 体育と演劇教育で〈生きる力〉を育む　●もくじ

はじめに ………… 4

1——なぜ「体育」と「演劇教育」なのか？ ———————— 11

（1）体育の授業や運動会で考えたこと ………… 12
①運動会の演出的工夫　14
②南中ソーランの由来と構成　15
③マット運動と跳び箱運動のコラボレーションの構成　17
④組体操の構成と演劇教育　18

（2）演劇教育と学びについて ………… 20
①大学院で演劇教育を学ぶ―1年目　21
②黒テントのワークショップに参加　24
③日本演劇教育連盟の夏季大会に参加する　27
④大学院2年目―インプロとの出会い　28
⑤演劇で活躍する3人の演出家に学ぶ　37
⑥「子どもの学び」について　43

（3）「体ほぐしの運動」と「インプロ」 ………… 48
①「体ほぐしの運動」について　48
②「体ほぐしの運動」と「インプロ」の共通点　50

（4）「体育」と「演劇教育」の共有する意味とは？ ………… 52

2——実践A 宮城での「体ほぐし」と「インプロ」 ———————— 55

（1）宮城県派遣教員になる ………… 56
（2）宮城県派遣教員団結式 ………… 58
（3）宮城の勤務校と子どもたち ………… 60
（4）子どもたちと「インプロ」………… 62
○なぜインプロを行ったのか　62
○どういう時間に「インプロ」を行ったのか　63
○インプロのねらい　64
○子どもたちとインプロの出会い　65
○教室でのインプロゲーム　66
○2学期からの「インプロ」　68
○子どもとインプロ　76

（5）「体ほぐしの運動」と「インプロ」の授業 ………… 77
○ねらい　77
○授業の実際　77

（6）宮城での生活 2013年3月 ………… 97
　　　○インプロ：実践について　102

3 ── インプロと大人の学び ──────────── 103
　（1）インプロ演劇教育講座1（2013年（平成25）7月27・28日）………… 104
　（2）インプロ演劇教育講座2（2013年（平成25）8月22日）………… 109
　（3）インプロ演劇教育講座3（2013年（平成25）10月22日）………… 111
　（4）インプロ演劇教育講座4（2016年（平成28）8月7日）………… 113
　（5）インプロと大人、教師の学びについて ………… 116

4 ── 実践B **運動会「南中ソーラン」と組体操** ──── 117
　（1）伝統となった「南中ソーラン」………… 118
　（2）運動会に向けて ………… 119
　　　○実行委員会の話し合い　119
　　　○練習　120　　　　　　　○構成　121
　（3）運動会当日 ………… 122
　（4）先生たちの感想から ………… 124

5 ── 実践C **学芸会の劇づくり** ────────── 127
　（1）『あの日、青空に虹を見た』─脚本を書く ………… 128
　　　○6月─脚本を書き始める　128　　○7月─劇中歌をつくる　129
　　　○8月─脚本の学習会に参加　130　○10月─脚本の完成　131
　（2）劇をつくる ………… 133
　　　○オーディションを行う　133
　　　○全体練習─モデル学習─グループ学習　133
　　　○学芸会までの一週間　142
　（3）学芸会本番 ………… 147
　（4）学芸会を終えて ………… 149

6 ── 「**体育**」と「**演劇教育**」の融合 ──────── 153
　（1）今、子どもは ………… 154
　（2）「心とからだ」を耕す ………… 155
　（3）学び合えることの幸せを伝える ………… 157

　　　　おわりに ………… 160

　　　　参考文献　162

はじめに

● インプロを知る

　教師生活30年目にあたる２００８年（平成20）４月、私は東京学芸大学大学院に入学しました。当時、勤務する小学校では６年生担任をしながら教務主任をしていました。学校では子どもたちの生活面や学習面、保護者、地域などの関わりのなかでさまざまな問題が生じます。私は同僚と共に落ち着いた学校づくりに励みました。子どもが何をどのように考えているのかを理解しようとしました。理解しようと思えば思うほど、別の角度からの見方や考え方の必要性を感じました。それまでの子どもの見方や考え方では対応できない問題がいくつも生じたからです。そんな時に体育研究団体の知人が、大学院で演劇教育を学んでいることを知りました。知人の話には、演劇教育の興味深い内容が詰まっていました。演出家の佐藤信教授に学んでいた知人の話は、私の演劇教育への興味を募らせました。演劇教育には、子どもを別の角度から見ることができるものがあるのではないかと思ったからです。自分も大学院で学ぼうと思いました。幸いにも東京学芸大学大学院受験に合格をして入学することができましたが、佐藤信教授は退官されてしまいました。

　大学院の表現教育「演劇」を専攻しました。私の受けた演劇の授業は６〜８人の少人数のことが多く、おもに社会人の方々でした。他大学の教授や演出家、高校の教師、カウンセラー、現役の大学院生が学んでいました。他大学の教授が、学ぶために学芸大学に来て授業を受けていることには驚きました。世の中には本当に一生懸命学問に励んでいる人がいることを知ることができたのは、大きな刺激となり財産となりました。学ぶということは、年齢も職業も関係はないのです。学びたいと思う気持ちがあれば、いつでも学ぶことができるのです。

　授業では活発な議論が展開されました。年齢も仕事の内容も違う人たちの話し合いは、私が知りたいと思っていた別の見方や考え方が詰まっていました。授業のなかでのディスカッションで、驚かされたことがいくつもあります。その

一つは、演劇教育を学ぶ人は、だれでもが学校教育に演劇教育を取り入れたいと思っている。私はそう思っていました。しかし、学校教育に演劇教育を取り入れようと思っている人はほとんどいませんでした。当然話し合いのなかでは現在の学校教育に対する鋭い見方が出てきました。考えもしない見方や考え方を知ることができました。ディスカッションするなかで、悔しい思いや情けない思いをすることもありました。しかし、悔しい思いも不思議と嬉しく、楽しく感じました。自分のなかにエネルギーがどんどん蓄えられていくことが分かりました。人間の悔しさや嬉しさは、何倍ものエネルギーを培うと感じることができました。一生懸命に全力で学ぶということが、自分のエネルギーを生み出すのだということを感じたのです。学芸大学大学院から中央線の国分寺駅までの帰り道に何回「ドンマイ」と心に呟いたことでしょうか。何回自分にエールを送ったことでしょうか。そのような日々のなかで、演劇教育の理論と実践を学び続けました。イギリスで行われているドラマ教育を知ることができました。

　大学院の2年目、高尾隆准教授の夏の集中講座でインプロの授業を受けました。この時、初めてインプロを知りました。学芸大学の芸術館2階に演劇教育の教室があります。その芸術館2階のフロアでインプロの集中講座が行われました。参加人数は6〜7人でした。インプロは即興と訳されています。その場で出された課題を全身で表現します。インプロで「イルカの調教」というゲームがあります。調教師役が手を頭に乗せると考えたとします。イルカ役が全身を動かし調教役の考えた手を頭に乗せる動作を当てるというインプロです。このようなインプロをしてから、高尾先生がインプロにどのような考えがあるのかを説明しました。相手の表情を読み取ることや表現力を高めること、コミュニケーションを高めることを説明しました。私が今でも強く印象に残っているのは、「相手にいい時間を与える」「失敗してもいいんだよ」という考え方が、インプロの根底に流れているということです。その言葉のように集中講座で、私は緊張することもなくインプロを体験することができました。日頃すぐに緊張してしまいがちですが、落ち着いてインプロの実技を緊張することなしにありのままの自分で楽しむことができました。楽しいだけではなく、満足してとっても笑顔だったという記憶があります。インプロを体験して、ものをつくる喜びを感じ、自分の心が温かくなるのを感じました。探し求めていたものを知った瞬間だったのだと、今にして思うのです。私が探していた見方や考え方が、このインプロには詰まっていたのです。高尾先生のコメントに納得してはノート

に記しました。東京学芸大学大学院の芸術館２階のフロアで学生仲間に交じって知ったインプロは、探し求めていたものだったのです。

●学校教育にインプロを

　演劇教育のインプロは、「相手にいい時間を与える」「失敗してもいいんだよ」「できることをやろう」という考え方があります。長年体育の研究をしてきた私は、このインプロを体育の授業に取り入れることを考えました。体育の体ほぐしの運動とインプロの考え方が共有すると、インプロの理論と実技を体験して感じました。自分の心とからだを見つめ、相手との関わり合いのなかで学び合うことが体ほぐしの運動のねらいです。一方、インプロの考え方も「相手にいい時間を与える」「失敗してもいいんだよ」「できることからやろう」は、自分や友達の心やからだと向き合うことや調整すること、仲間との交流が考えられます。そのように考えていくと、体ほぐしの運動とインプロの考え方は共有すると思いました。

　その後、私は東日本大震災の東京都派遣教員として宮城県に１年間赴任しました。宮城県の小学校では、２年生の担任をしました。素直で元気いっぱいの子どもたちでした。子どもたちと過ごすなかで、友達との関わり合いの大切さを感じました。友達と一緒に学習や遊びを楽しんでほしいと思いました。この子たちにインプロの考えは必要なのではないかと思いました。素直な子どもたちだ、きっと友達と仲よく学校生活を送れるはずだ。その一つの考えとして、インプロをやろうと思いました。私は、子どもたちと「毎日レク」と名づけたレクレーションを毎日５分ぐらい行いました。体ほぐしの運動にインプロを取り入れました。その結果、私が考えていた以上に子どもたちは授業に集中して楽しんでくれました。子どもたちは自らの心とからだを開くようになりました。それまで遊ぶことが苦手な子が、友達と進んで遊ぶようになりました。友達同士のトラブルも少なくなりました。友達に優しく関われるようになりました。学校を休む子もいなくなりました。もちろんインプロだけの力であったとは思いません。しかし、体ほぐしの運動で行ったインプロの授業は、子どもたちの心とからだを開いたと思いました。それは、私が大学院でインプロを体験した時の気持ちと同じだったのではないかと感じたからです。

　インプロは体育の体ほぐしの運動以外にも授業で行いました。国語の授業で

は、ワンワードやプレゼントゲーム、アイウエオゲームなどのインプロを行いました。学級活動でもインプロを行いました。子どもたち全員でインプロゲームを楽しみました。インプロの考え方は学校教育に必要な考え方だと、授業を通して感じました。授業づくりを通して、「相手にいい時間を与える」「失敗してもいいんだよ」「できることをやろう」というインプロの考え方を子どもたちや先生方に伝えたいと思うようになりました。

●一つのものをつくることから始まる

「一つのものをつくることで人は学び方を学ぶことができる」

私の好きな言葉です。大学院の学び、体育や演劇のサークルでの学び、そして、東日本大震災後の東京都宮城派遣教員として経験した宮城での1年間の教員生活のなかで、それまで探し求めていた別の見方や考え方を見つけ出したように思います。日々、一つひとつのものをつくることに挑戦しています。インプロでの体ほぐしの運動やインプロチャレンジ運動、運動会や学芸会での創作活動、日々の授業づくりでも一つひとつのものをつくりだそうと試みています。一つひとつのものをつくるということは、別の言葉で置き換えると子どもが学習して身につけた力を生活の場で自分の言葉や行動に置き換えるということを含んでいます。子どもの学力というものは、生活の場で自分の言葉や行動に置き換えて初めて子ども自身の生きる力になるのだと思っています。教えられた知識をそのまま知識として受け入れた後に、その知識をどのように生活の場で自分の言葉や行動に置き換えて活用し、生きる力に結びつけるのかということは子どもにとっては大きな課題です。それは大人にとっても大きな課題です。授業づくりを行うなかで教科書などに載っている知識をそのまま授業で子どもたちに伝えれば悩むことはないです。教科書の知識を基にして自分の言葉や動作につくり変える授業づくりをしていけばいくほど迷いや悩みが出てきます。子どもと共に学ぶということは、教師も授業づくりで教材を深く追究し分析していくことです。

宮城での1年間の教員生活で、「もがり祭」という大河原南小学校で開校以来32年間（平成24年度当時）続く祭に大きな刺激を受けました。「もがり」という言葉は、宮城県南部地域で秋から冬にかけて吹く強風のことです。学校と地域が共に子どもを温かく育てているという姿を通して、地域のなかの学校と感じ

「もがりパレード」で地域を練り歩く子どもたち

ることができました。子どもたちは、祭の3日前に「もがりパレード」で地域を練り歩きます。地域の人に学校園で育てたサツマイモと宣伝のビラを配ります。「もがり祭」当日、6年生は芋煮づくりと餅づくりの用意をします。5年生は下級生を楽しませるためにゲームのお店屋さんを出します。4年生がリーダーになって縦割り班の面倒を見ます。4年生がリーダーとなり、校庭のお店を回ります。そのグループの姿を保護者や地域の人たちが温かく見守ります。広い校庭では地域ごとに集まり、芋煮や餅を食べます。子どもたちは身につけた力を「もがり祭」という生活の場で活かしていたのです。私は「ここに教育がある」と感じました。一つのものをつくることで、人はいろいろな学びを学ぶことができます。「もがり祭」で子どもたちは、日々の学習で身につけた力を生活の場で活かしていたのです。この学校の子どもたちは、6年生をとても尊敬していました。2年生の子どもたちからは、「6年生のようになりたい」という言葉をよく聞いていました。6年生が「もがり祭」等の学校生活のなかで活躍した姿が、「6年生のようになりたい」という言葉を生み出したのです。学校の学びとは、このような姿にあると思うのです。子どもたちが学習で身につけた力を、生活の場で活かし、その姿を見ていた下級生が「自分もあんな6年生になりたい」と思うのです。一つのものをつくるとは、生活の場で子どもたちが生

はじめに

「もがり祭」当日、保護者や地域の人たちも参加して芋煮づくり

きていく感覚を身につけることなのだと思うのです。

　子どもたちの成長にとって、学校生活はとても大切なところです。学校はとても素晴らしいところです。その学校生活のなかで、私は大学院で学んだ演劇教育のインプロという素晴らしいことがあるのを伝えたいと思うようになりました。一つのものをつくることで、人はいろんな学びを学ぶことができるということを伝えたいとも思いました。人は一生懸命に生きることで、自分の心からエネルギーが溢れてくるということを伝えたいとも思いました。それは、日々の地道な一つひとつのことから始まるのです。学校の日々の授業をつくりだすことから始めます。うまくいかないことや自信をなくすことも多いです。でも、私が学んだインプロの理論や実技の経験を通して感じた温かな考え方は、学校教育になくてはならないものだと思うのです。大河原南小学校での「もがり祭」は地域を含めた学校行事ですが、演劇教育のインプロでも、子どもたちが生活の場で生きていく感覚を身につけることができると思っています。演劇教育のインプロは即興劇なので、生き方をシュミレーションすることができるからです。子どもたちに生きていく感覚を伝えることができるのです。「相手にいい時間を与えよう」「無理しなくていいんだよ」「失敗してもいいんだよ」、その言葉一つひとつが子どもたちへの生きるメッセージとなります。子どもたちは自ら

生きていく感覚を身につけていくことができます。

　私は、学校生活にいい時間と笑顔を与えたいと思いながらこの本を書き記しました。学校生活で、教師も子どもも素晴らしい学びに出会うことを願っています。素晴らしい学びに出会い、心にたくさんの溢れるエネルギーを蓄えながら、自分の現在や未来の生き方に蓄えた力を発揮してほしいのです。なぜなら、私が学んできた演劇教育のインプロは、「相手にいい時間を与えよう」という人を幸せにするためにあるからです。

　この本に登場する氏名の一部は、本人の希望により仮名とさせていただきました。読んでいただいた皆さんの幸せを祈るとともに、生き方の参考になることを願っています。

1 なぜ「体育」と「演劇教育」なのか？

運動会の表現の深化を求めて学んだ演劇教育。
そこで出会った「インプロ」は、
「体ほぐしの運動」の考え方とも響きあい、
現在の学校教育に必要な考え方を示している。

（１）体育の授業や運動会で考えたこと

　体育の授業中、技ができて喜ぶ子どもたちの姿を見るとうれしくなる。この瞬間に授業づくりの楽しさを改めて感じる。教師は、子どもたちのできるようになる喜びに支えられている。

　体育の学習過程１時間目は、学習全体の流れと内容を子どもたちに紹介するオリエンテーションという時間にあてている。子どもたちは誰もが分かるようになりたい、できるようになりたいと思っている。学習内容が分かれば「あの技ができるようになりたい」という興味や関心、意欲を示す。さらに、グループ学習という形で進めることを説明する。

　グループ学習は学級をいくつかのグループに分け、グループごとに子どもたちが学習内容の教え合いをしながら学び合いを深める学習形態だ。子どもの自主性や協力する力が養われる。また、かかわりやコミュニケーション力も養われる。

　たとえば、体育のマット運動で側方倒立回転を練習している時に、自分ではどのように体が回転しているのかが分からない。同じグループの見ている子がアドバイスをしてあげる。「膝が曲がっていた」「手を大きく振るといいよ」「右足を伸ばそう」などの具体的なポイントをアドバイスすることで、子ども同士がマットの練習をしながら学び合いを深めることができる。

　グループで教え合いをすることは、子どもたちの学習意欲を高める。学習過程最後の時間では、学んだことをグループごとに発表する。子どもたちはこの発表会という目標に向けてグループで自主的に学び合う。

1　なぜ「体育」と「演劇教育」なのか？

グループ学習

グループ学習で振り返りをしている子どもたち

①運動会の演出的工夫

　最近の運動会の出し物は、2〜3週間の練習期間で行われる学校が多い。45分授業の10回前後で出し物の徒競走、団体競技、団体演技の3種目を完成させる。学校では学力向上を目指して授業時間を確保するため、運動会や学芸会、総合学習の発表会という行事には時間を割かない方向に進んでいる。決められた時間のなかで、子どもたちの表現活動をどのように豊かにしていくかが求められている。そうした条件の下、運動会団体演技の表現にはどのようなものが考えられるのだろうか。

　団体演技には、「野外劇」という校庭で物語を表現化して演じる出し物、「創作ダンス」という子どもの身近なテーマを選びダンスで動きをつくる出し物、「組体操」という1人、2人、3人、……全員の波、タワー等の技を演技する出し物、「民舞」というある地域で昔から引き継がれているソーラン節やみかぐら等の民謡舞踊の出し物などがある。

　この団体演技を完成させるために練習時間の多くを使う。私は団体演技の表現活動を豊かにしていくことが、子どもたちの表現力を高めることになると考えて実践に力を入れてきた。実践にあたっては、教師と子どもが共に表現をつくっていくという考えを大切にしている。教師と子どもが共につくる過程で、子どもたちの主体性や自主性や意欲が高まる——そう考えて、運動会の団体演技をはじめ、学習や行事、一つひとつのものづくりのなかで試行錯誤しながら試みている。

　運動会での団体演技の表現は、保護者や他学年に観せることを考える。しかし、観せるということ以上に重視していることがある。それは、演技している子どもたちが自分の心とからだを自ら開き、精一杯演技したという達成感をどのようにつくりだすか。そのために子どもたちの実行委員会をつくり、どのようなことをやりたいのかを話し合う。話し合いのなかで、子どもの考えを取り入れて演技をつくる試みをする。その結果、私が関わった運動会の団体演技は、子どもたちの考えを聞いて共につくったものが多い。

　これまでに運動会で発表した団体演技は、「マット運動と跳び箱運動のコラボレーション」「南中ソーランとマット運動のコラボレーション」「南中ソーランと組体操のコラボレーション」がある。これらの運動会の発表は、観る人に分かりやすいように、いずれも発表全体を物語形式にした。物語のなかで、子ど

もたちは自分たちで考えたマットや跳び箱の技を行う。南中ソーランという踊りにも隊形移動や群読、側方倒立回転などを入れる表現にした。組体操も物語形式で行い、子どもたちが表現をしやすいように場面ごとに工夫した。

　運動会の表現に、物語性や群読など、演劇的な表現を入れることで、発表が観る人に分かりやすくなるということだけではなく、表現している子どもたち自身も、自分たちで物語をつくっているという、つくる楽しみを知ることができる。

　このような試みを繰り返し行うなかで、私はそれまでの体育の研究とは違う見方や考え方、演出的工夫を探し始めた。どこをどのように探せばよいのか。どのような研究をすればよいのか。団体演技の表現に演出的工夫を凝らすため、演劇教育にヒントを求めた。

　運動会の団体演技で行ってきたことを、もう少し詳しく紹介してみよう。

②南中ソーランの由来と構成

　北海道には昔から伝わる民舞、ソーラン節がある。そのソーラン節を現代のロック調にした踊りに南中ソーランという踊りがある。全国の小学校や中学校の運動会で盛んに行われている踊りだ。北海道稚内市立稚内南中学校の教員と生徒が考案したとされている。今では稚内南中学校の伝統にもなっている踊りである。

　南中ソーランの発表では、子どもたちがその由来や歴史を群読で説明する。側転で波を表現し、大きな魚と格闘する騎馬の場面を展開した構成にする。大きな魚は校庭中を波の動きと調和しながら暴れまわる。そこに騎馬でつくった漁師が乗る船が格闘する。太鼓の音で南中ソーランの踊りに入る。踊っている途中の隊形移動では側転を入れ、左右対称の踊り、時間差をつけた踊りを入れる。踊りの最後にはＹ字バランスやブリッジを入れて、大漁旗を掲げる。大空にも大漁旗を掲げてあるので、校庭全体が子どもたちの踊りとマット運動、大漁旗で一つの舞台上の作品のようになる。このような演出も含めた表現も、演劇教育から学べるのではないかと思った。

南中ソーラン発表の構成

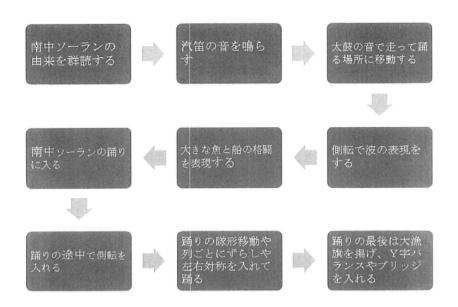

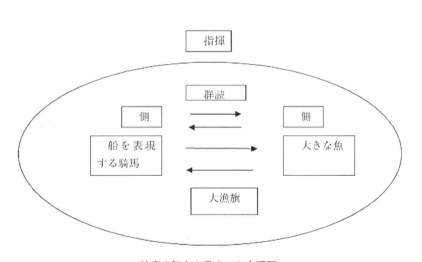

校庭を舞台と見立てた会場図

③マット運動と跳び箱運動のコラボレーションの構成

　マット運動で前転、後転、側方倒立回転、ロンダード、跳び込み前転、バランス技と跳び箱のネックスプリング、ヘッドスプリングを組み合わせる。その組み合わせ技を音楽に合わせて表現する音楽マットで行う。校庭にマットと跳び箱を用意し、舞台と見立てて表現する。

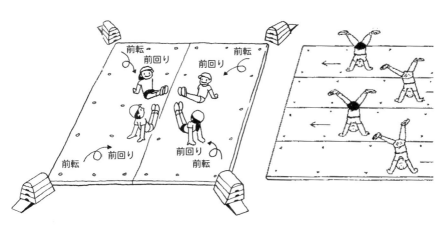

音楽マットの表現

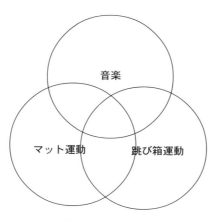

構成の基本イメージ

④組体操の構成と演劇教育

　組体操を物語形式で表現することにも取り組んできた。
　「日本の歴史」と名づけた出し物では、原始時代から未来までを組体操やダンスやマット運動で表現する。戦国時代は戦いの場面を創作ダンスで表現した。校庭の左右に分かれた戦国時代の武将が音楽に合わせて全身のポーズを取りながら戦いの創作ダンスをする。戦争の場面では広島の原爆ドームを子どもたちが表現する。そこに平和を祈る鐘が鳴り、子どもたちは天使になって鳥のように校庭中を羽ばたく。羽ばたきながら子どもたちは平和への架け橋を築いていく。
　その他、「未来へ」「小学校の四季」というタイトルで組体操を発表した。組体操の創作を考えながら、ただ組体操にするのではなく、組体操の中に柔らかな表現を入れたいという思いが募った。

　このような運動会の表現発表で物語の構成や連続技を考える時、体育の見方や考え方とは違った演出的効果を考えていた。考えれば考えるほど、どのように構成し、表現し、演出したらよいかを学びたいと思った。
　大学院で演劇教育を学ぶ知人の話を聞く機会があった。その話は私の演劇教育への好奇心をさらに揺さぶった。知人は、大学院で演出家の佐藤信さんの授業を受けていた。佐藤信さんは、思いもつかない発想を授業で展開していたという。ある街を舞台にし、その街に住む人たちに話を聞いて物語をつくり出すという授業の話だった。佐藤信さんの演劇教育の授業では、どこでもが舞台となり、脚本はそこに住む人たちの話を紡いでつくるのだという。
　知人は佐藤信さんの授業はもとより、その生き方に魅力やおもしろさを感じたという。演劇教育の理論にフィールドワークを兼ねた実技を織り交ぜた授業は、聞いているだけでスケールの大きさを感じた。佐藤信教授に会い、話を聞きたい。何よりも授業を受けてみたいと思った。
　校庭を舞台にして運動会の団体演技の表現活動をつくってきたことに、別の角度からの発想や演出的効果も加えることができるのではないか。街全体を舞台にしてそこに住む人たちの話を聞くという活動の話を聞いて、何よりも演劇とは地域に根差した生活のなかから生まれるものなのかもしれないと感じた。子どもたちを育てることも、生活をどれだけ豊かにできるかということだ。演劇教育のなかに私が知りたいことや探していることの答えやヒントがあるのでは

ないか、という思いはますます強くなった。私は、演劇教育という漠然とした大きな世界を自分なりに描きながら、運動会や学芸会を別の角度から見ることができる答えやヒントを探し求めていた。

　運動会や学芸会の表現を通して子どもたちとつくりだす世界のなかで、子どもたちと共に学び合いをしたい。さらに言えば、演劇教育は学校行事だけでなく日常の授業にも活かせるのではないか。いや、日常の授業にこそ活かすべきなのではないか。子どもたちの抱えているさまざまな問題が絡んだ糸を解きほぐす一つの答えを、私は演劇教育に求めようとした。

(2) 演劇教育と学びについて

> ・演劇の創造活動を体験することを通しての教育
> ・演劇を鑑賞することを通しての教育
> ・演劇の本質、機能を教育全体にいかしていく教育

　これは『演劇教育入門』(日本演劇教育連盟編、1978年、晩成書房)に冨田博之さん(当時、日本演劇教育連盟委員長)が書いている演劇教育のねらいである。冨田博之さんも書いているように、学芸会という行事で演劇教育を学ぶだけではなく、子どもたちの日常生活のなかで演劇教育を学ぶことが必要なのだ。子どもたちが日常生活のなかでどのように自分の生活と向き合い、生活を豊かにしていくかが課題となる。生活を豊かにする一つの試みとして演劇教育が考えられる。演劇教育は、周りの友達との関わり合いをつくり出す。子どもたちの心とからだを耕すことで、共感する心が協力や意欲を生む。自分の考えをシュミレーションすることもできる。

　昔に比べて、子どもたちの生活は、外遊びが減り、家でゲームをする子が増えている。一人でゲームをしていてもさみしくはないという子がいる。生活そのものが非常に便利になり、子どもだけではなく大人も自分だけで、家族だけで生きていけるようになった。近所の人たちと支え合って生きていくという切実な理由もない。子どもたちはコミュニケーション力がないということではなく、コミュニケーションの必要がないと考えることができる。生活のなかで、コミュニケーションを必要としない子どもたちは少なくはない。そのような子どもたちに、演劇教育を通してコミュニケーションの必要性を感じさせ、心とからだを耕せるような生活をしてほしい。

　これが演劇教育に対する思いだが、数年前には演劇教育への期待があるだけで、まとまった知識や実践があったわけではない。そこで演劇教育とはどのようなものなのかを学んでみようと思った。演劇教育を学ぶために平成20年、東京学芸大学大学院に入学した。残念なことに佐藤信さんは平成19年度で大学を退官された。

①大学院で演劇教育を学ぶ—1年目

●研究題目を考える

　私が入学した東京学芸大学大学院総合教育開発表現教育は、「音楽」「書道」「演劇」「美術」「文学」「映像」の芸術分野がある。私は「演劇」を専攻した。平成20年度入学で演劇を専攻した人は私ともう1人の2人だった。

　大学院は毎年どのような研究をしていくかという研究題目を提出する。1年目の研究題目を「表現コミュニケーション力が人間関係をどれだけ豊かにするか」とした。長年教師をしてきて、子どもの抱える問題が年々複雑になっていくのを感じていた。子どもの抱える問題の原因を追究し、解決の糸口を探りたい。運動会や学芸会という表現をつくる過程で、子どもの抱える問題に対応できないものかと考えていた。

　当時、「コミュニケーション力」の必要性が学校現場では盛んに言われていた。そこで「表現コミュニケーション」を題目に取り入れた。「表現コミュニケーション」の一つの方法としては、イギリスで行われているドラマ教育を学校の授業に取り入れようと考えた。ドラマ教育は大学院に入学してから知ったもので、豊富な疑似体験をすることができる。その他にドラマ形式、ディベート、クイズ形式、ニュースショウなどのテレビ番組形式等の手法もある。ドラマ教育などを経験することで、子どもたちに表現コミュニケーション力がつくと考えて研究題目とした。

　しかし、牛島裕昭教授の授業で研究題目を発表した時、さまざまな意見が出された。「子どもの抱える問題の原因を探るなら心理学を専攻した方がいい」「コミュニケーションの種類は何なの？　言語的コミュニケーション、非言語的コミュニケーション？」「人間関係を豊かにするって、どんなことが豊かだと思っているの？」「もっと具体的な研究にしてほしい」……。鋭い意見が相次ぎ、これが大学院の学び方なのだと知った。褒めることなんてしない、相手が考える理論構成の不備な点を指摘し、容赦なく意見を主張する。

　この日、私は完全に打ちのめされた。悔しさを通り越して、絶対にいい題目にしてみせるという気持ちで溢れていた。いい題目にするには授業に出席し、演劇教育の基礎を学ばなければならなかった。演劇教育というものがどういうものなのかという基礎的な知識さえもなかった。大学院のディスカッションになると、知らない単語や人名が飛び交う。そのたびに知りたいことが続出し、学

びたいという気持ちが心にあふれていった。

　中島裕昭教授の「表現教育内容基礎研究」「表現教育実践論演習B」の演劇学・パフォーマンス、高尾 隆准教授の「表現教育内容基礎研究」「表現教育実践論演習C」などの演劇教育の授業で、演劇の歴史や理論と実践、演劇教育のこれからの可能性を学んだ。授業では他大学の教授や劇団の演出家、高校の国語の先生、カウンセラーもいたので、さまざまな意見が飛び交った。そのさまざまな考えを聞くことで自分の考え方が整理されていった。

● 「ドラマ教育」に出会う

　大学院1年目に出会った「ドラマ教育」は、それまでの考え方とは違っていた。学校では学芸会の劇上演が演劇教育であるという捉え方をする傾向にある。学芸会に向けた取り組みは、子どもに劇指導し、その完成した劇を保護者や他学年の子どもたちに観せることを目的にする、見せることを重視する活動が主である。

　一方 「ドラマ教育」とは、子どもがドラマを行うこと自体に学びがあるという考えで、過程中心の活動を行う教育である。過程中心の学習手法として、イギリスやアメリカの教育現場では授業として定着しつつある。ドラマ教育の目的は、子どもたち同士のコミュニケーションづくりと体験する過程を促すことである。子どもたちが自らの言葉とからだで表現することを学びの中心とする。その中で、友達との関わり合いも学ぶことができる。自らが劇的な表現に参加するという過程中心に進めるのがドラマ教育である。

　私は若い頃、養護学校に勤務していたことがある。その養護学校で「ごっこ遊び」の授業があった。子どもたちの遊びのなかから劇づくりをしていく。その学校で学芸会の発表をしたことがあるが、劇の脚本はない。子どもたちの日頃の「ごっこ遊び」から出た言葉を紡いでいき一つの劇をつくっていく。もちろん「ごっこ遊び」と「ドラマ教育」を一緒にはできないが、子どもたちが遊びを通してつくっていくという過程を重視することについては共有する考えがある。教科の授業では、詩や物語文で活用した。読解力を深めるため、半即興の寸劇づくりを行い、登場人物の心情を読み取った。ホットシーティングなどの技法を活用して、歴史上の人物を登場させ、架空の世界でコミュニケーション力や創造力を培う試みをした。

　「ドラマ教育」の考え方は、主体性、創造性ある学びにあり、劇づくりや教科

の授業づくりに、学校教育そのものの考え方にも必要不可欠である。

「ドラマ教育」の特徴と期待される学習効果

■グループ学習■	■シュミレーション■	■役や係決め■
人間関係づくり	表現力	選択力
協力・協調性	即興力	生活力
コミュニケーション力	行動力	観察力
■創作活動■	観察力	コミュニケーション力
論理的思考力	■課題解決への道筋■	提案力
想像性	問題解決力	
創造性	思考力	

「ドラマ教育」の構成図

- グループの学習活動で進める
- 自分の生き方のシュミレーションをすることができる
- 配役や係活動を自分たちで決めて行うことができる
- 課題に取り組む活動をすることができる
- ストーリーを自分たちでつくることができる

●ミニ論文批評会合宿の体験

　大学院1年目の授業「表現教育研究法」で、修士論文の練習としてミニ論文を書いた。そのミニ論文批評会を箱根合宿で行った。受講生の研究題目は、専攻によって違う。ミニ論文発表者6名と授業担当の高尾隆先生が参加した。

　私たちは、ミニ論文発表者に質問をぶつけた。私は「演劇ワークショップは対応力を育むか」のミニ論文を発表した。容赦ない質問が次々に出てくるが、この時はだいぶ慣れてきていた。質問に対してできるだけ詳しく答えた。

　ミニ論文の発表内容はそれぞれの専攻「音楽」「英語」「演劇」による内容なので、内容的にも高く、感心することが多かった。1年目の私は、内容を聞くことで精一杯だった。

　ミニ論文批評会後、夜明けまで議論し合った。朝一番の電車で学校に向かいながら、学ぶことの楽しさと可能性に浸っていた。嬉しい、おもしろい、ありがたいと感じていた。そう思える自分の周りの先生方や大学院の仲間たちに感謝した。

　私の書いたミニ論文「演劇ワークショップは対応力を育むか」は、大学院1年目の夏に佐藤信さんが所属する劇団黒テントの演劇ワークショップに参加した体験を記したものだった。その演劇ワークショップについて記しておこう。

②黒テントのワークショップに参加

　平成20年8月12日（水）から16日（日）、黒テントのアクターズワークショップ「夏休みうたのワークショップ」に参加した。斉藤晴彦先生の指導で5日間、演劇と歌の練習を行った。斉藤晴彦先生はテレビ出演も多く、帝国劇場などのミュージカルにも出演していた有名な役者だ。その斉藤晴彦先生に教えていただく演劇と歌のワークショップだった。フィリピンのPETA、正式名称を「Philippine Educational Theater Association」（フィリピン教育演劇協会）の考えを取り入れた演劇ワークショップということであった。

　黒テントのワークショップに参加したのは、私が大学院に入るきっかけとなった佐藤信さんが携わる劇団だったからだ。佐藤信さんの行う演劇の考え方が少しでも分かるのではないかとの思いで参加した。

　8月12日に参加すると、ほとんどが20代前後の男女だった。なかには16歳の少女もいた。50代の私は居場所がない。参加者の1人に小声で「すごく勇気

がありますね」と言われた。呆れられていたのか感心されていたのかは分からないが、年齢を考えるとそう思うしかなかった。

　学びたい一心でひたすら斉藤晴彦先生の話を聞いて実技をした。斉藤晴彦先生は私をかわいそうに思ったのか、いつも優しい声掛けをして下さった。ピアノの住友郁治先生もとっても優しい方だったので、私はとても助かった。参加していた若者たちがいい方たちだったので、何とか5日間参加することができた。

　若者のなかに混ざっても自分のできることを全力で表現した。即興劇や歌も全力で行った。自分に年齢は関係ないと言い聞かせて、歌も即興劇も夢中になってやった。歌もうまくなく劇も決して上手とは言えない。音楽大学声楽家を卒業した方や、他劇団の劇団員等の方々のなかに入って悪戦苦闘していた。

　斉藤晴彦先生が時々褒めてくれることが嬉しかった。斉藤晴彦先生は本当に素晴らしい方で参加者をしっかりと見て、それぞれに適切なアドバイスをされていた。プロとはこういう人のことを言うのだと思った。と同時に、私は教師としてプロなのかと心で何回も自問自答していた。体験は自分自身を問う機会をつくる。学びは自分の生き方を問う機会をつくるものだと感じた。

　ワークショップ初日、まず体をほぐす運動や集団ゲーム、お題を提示した即興劇づくりを行う。お題が「お寺」と出され、1グループ5～6人でアイコンタクトをしながらお寺の境内になる人、お参りに来た人、狛犬などの演技やジェスチャーをする。周りの演技も考えて自分の演技を即興で調和していく。次のお題は「お葬式」だった。そのお題にさらに社会的な上下関係をつけていくという条件をつけて即興で演技した。お葬式の日のお寺の小僧とお坊さん、社長、犬などの社会的地位の上下関係を即興で演技した。

　即興劇の課題が終わると、住友郁治先生のピアノに合わせて歌の練習がある。5日目の最後の日に発表会がある。発表会のために、全員で歌う課題曲と個人曲、全員の劇とグループの劇の練習をするのだという。課題曲に加え、個人曲をソロで歌わなくてはいけない。劇も11人全員で行う劇と、グループごとの劇の二つを練習する。その劇も即興で自分たちがつくっていく。歌と劇、すごい量を5日間でつくりあげる。

　課題曲は次のような13曲だった。

「民衆に訴える」、「黒い花びら」、「死んだ男の残したものは」、「新しい歌」、「見上げてごらん夜の星を」、「日本国憲法前文」、「黄昏のビギン」、「お祭りマンボ」、

「昨日のしみ」、「石ころの歌」、「恋のかくれんぼ」、「君恋し」、「ぽつねん」。

個人曲は、自分の思い出の曲を歌う。私は大学時代に山登りの部活動に入部していたので、「山の歌」を歌った。ソロで歌うので緊張はするが、声を出してはっきりと歌った。そのソロの歌が斉藤晴彦先生に選ばれて、「山の歌」が即興劇の題材になった。大筋の脚本を私が書いて、あとはその場の即興で私のグループ６人で即興劇を行った。思い出の歌から劇づくりを行うという劇づくりの手段もあるのだなあと感心した。

私は大学時代の山登りのことをグループの人に話し、グループの即興劇の共通理解を図った。歌のもつ力を活用しての即興劇づくりを行うという手順がいいなあと思った。即興劇に脚本はないが、文字にしていないだけで一人ひとりの心のなかに共有している生活経験があり、その生活経験の共通点を劇として構成することに感心した。即興劇とは、生活経験を根底にして話の筋をつくっていくことがヒントになるのではないか。その生活経験をさらにより豊かにしていくことが演劇教育のヒントになるとも思った。

また、自分が劇団の即興劇を体験するなかで教わる側になり、教わる側の気持ちが分かった。自分の経験がさらに話の内容を深めることにつながる。自分の思い出の歌から自分を振り返り劇の筋を考え、演じるなかで自分の力がいかに足りないかを垣間見ることができた。演劇教育はその人の生き方や考え方、全ての総合力が試されるのだ。それは演劇の技術というよりも自分の生き方であり、生きる自信を試されることでもあった。１日１日、斉藤晴彦先生からも周りの受講生からも生きる自信を試されていたのだと思った。

黒テントのワークショップを受けて本当に感謝した。自分の思い出の歌から即興劇をつくるという考え方を実際にからだ全身で演じることができたからだ。斉藤晴彦先生に「歌は苦手です。音程が取れなくてすいません」と言うと、「栗原さん、一生懸命声を出して歌っているじゃあないか。それが一番大事なことだよ。音程？　とれる人が歌えばいいの」と言ってくれ、隣に歌の上手なＦさんを並ばせてくれた。

５日間の最後の日は発表会でお客さんが来ていた。舞台に立ちソロで思い出の歌を歌う。泣きそうになりながら歌った。全員で歌う課題曲、グループ劇と全員劇の発表をした。斉藤晴彦先生は観客席から黙って見ていた。やれることをただ全力でやった。全力でやるしかなかった。自分の実力がないことがはっきりとわかった。即興劇はその場でアドリブをきかせてかなり笑いを取ること

ができた。

　発表会終了後、反省会を行った。参加者や先生方とたくさんの話をすることができた。佐藤信さんのことも聞くことができた。こういう世界で演劇は出来上がっていくのだということが少しだけ分かった5日間だった。斉藤晴彦先生や住友郁治先生の人を育てる心遣いや指導力、人柄に感心させられた。この5日間の演劇ワークショップは、自分の生き方を試された日々であった。「あなたは今の生き方でいいのか？」その時、私は胸を張って「いいのだ」とは言えなかった。これからたくさん学ばなければいけないと思った。そして、PETAの演劇の流れを汲むというこうした活動は、学校教育に活かすことのできるものだということが分かった5日間でもあった。

③日本演劇教育連盟の夏季大会に参加する

　日本演劇教育連盟の夏季大会（全国演劇教育研究集会）には、それまでに数回参加したことがあった。大学院に通い始めた平成20年8月、夏季大会に参加し、「演劇のワークショップ」「教育課程作り」分科会に参加した。会場は東京学芸大学だった。

　元学芸大学副学長の小林志郎先生の「教育課程作り」の講座では、演劇を教育課程にどのように取り入れるのかを話し合い、総合の授業に演劇を取り入れた授業づくり実践を行った。小林先生は次のような考えであった。生き方をシュミレーションする。その人の集中力、音声、身体、感覚、知性、想像力を耕す。個人差が他の音楽や美術よりも少なく、全員でできるという安心感があり自己肯定感を育てる一方法が演劇である。

　小林先生の考え方に賛同する。子どもたちの学校での言動を見ていると、自分の考えを持ち、表現する力が弱いのではないかと感じていた。周りの子どもたちの雰囲気に流され、自分の意見や考えを言うことも少ない。自己主張せず、周りの空気を読んでいる。そんな子どもたちの姿を少しでも変えたい。学校教育に演劇教育を入れることで子どもたちの表現する力を高め、生き方のシュミレーションを体験することで自己肯定感を育てたいと考えた。演劇教育を活かした授業づくりをしようと思った。

④大学院2年目─インプロとの出会い

　大学院2年目は、高尾隆准教授の授業で「インプロ」の実技を体験した。「インプロ」の理論は授業で聞いていたが、実技を受けたことが大きな刺激となった。

● 「インプロ」とは
　「インプロ」とは、英語のインプロヴィゼーション（即興劇）から名づけられたもので、課題を与えられ、その場所で考えたことやひらめいたことを表現していく演劇である。インプロの創始者であるイギリスのキース・ジョンストンは、演劇づくりは議論がとても多く生産的ではないと感じた。そこで議論せずに演劇をその場でやってみると大きな笑いが起こったという。このことがインプロの始まりとなった。

　インプロの特徴的な考え方には、失敗することを楽しむ、お互い失敗しても励まし合う、相手にいい時間を与えるなどがある。

　インプロは「インプロゲーム」というゲームによって進められることが多い。数多くのゲームがあるが、例えば以下のようなものがある。

■ワンワード
　1人が一言ずつ話をして、一つの物語をつくる。「私は」「海で」「イルカと」「泳いで」「います」のように、2人以上のグループで1単語ずつリレーしていく。言葉に合わせて動作もつけていく。動作をつけながら、「そこに」「タコや」「イカが」「泳いで」「集まって」……物語が1単語ずつリレーしてつくられていく。

■イルカの調教
　2人組や多人数でもできる。人とのかかわりのなかで、相手の思いを感じ取るというゲーム。1人がイルカ役、もう1人が調教役になる。調教役はイルカにやってもらいたいことを決めておく。イルカ役は調教役の思いを推測して、身振り手振りなどの体を動かす。調教役はイルカ役が少し当たっていたら「リン」、当たったら「リンリンリン」と言ってあげる。多人数でやる時には、イルカ役を1人決める。イルカ役は聞こえないところに

行き、調教師役を決める。調教師役がイルカ役にやってほしいことを1つ決めます。例えば、「黒板をさわる」や「先生の机の本をさわる」「掃除箱のほうきを取り出す」を1つ決める。イルカ役を呼んでイルカ役がいろいろ動く。調教師が決めた場所に近づいたら「リン」、その「リン」の音を手がかりにイルカ役は動く。イルカ役が調教師の決めた場所を当てたら、「リンリンリン」と言う。難しい場合は、調教師役がヒントを出す。

■次、何しますか？
　2人組で行う。1人が「次に何をしますか？」と聞き、もう1人が「海に潜ります」などの自分たちが動作化することを言う。動作化後に「次に何をしますか？」と再び聞く。「イルカと一緒に泳ぐ」などの動作化をする。この繰り返しでストーリーをつくっていく。ただ、言われたことが嫌な場合は、「いや」と言う。

■さしすせそ禁止
　2人組であるシーンを演じる。例えば学校での休み時間の様子を会話する。ただし、1つの条件は、「さしすせそ」を言ってはいけない。会話のなかに「さしすせそ」が入っていたら負けとなる。

■あいうえおゲーム
　タイトルを決める。そのタイトルのシーンをつくる。初めの人は、「あ」からタイトルのシーンを言う。次の人は、「い」と続く。例えば、タイトルを掃除当番とする。
　「あ」……あついから窓を開けて掃除をしよう。
　「い」……いつものようにほうきでごみを掃きましょう。
　「う」……うえはぬれ雑巾で拭きましょう。
　「え」……えらくいい調子で掃除ができた。
　「お」……おわったね。

■名作1分
　有名な物語を1分間で演じる。出演者が協力して物語を演じる。人や動物、ナレーション、木や建物、風、太陽などの役を決めて1分間で演じる。

■いろいろな表情
　全員が輪になって、Aが自分で考えた表情を隣のBに見せる。BはAの表情をまねして隣のCに見せるというように、一つの表情を隣の人がまねをして伝えていくゲーム。

　このようにインプロには多種のゲームがある。次のようにゲームの内容を分類することができる。

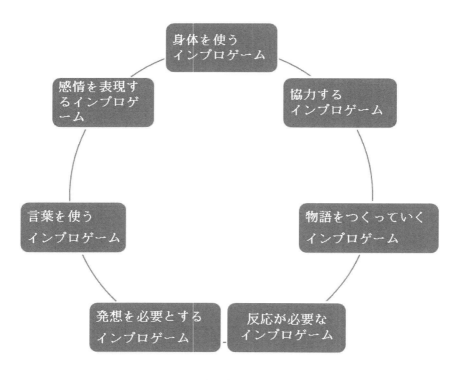

「インプロゲーム」の分類

それぞれグループごとのインプロがあり、インプロは段階的に発展していく。例えば、私は授業で「ワンワード」のインプロを次のように段階的に発展させて使用する。

■ワンワード
(1)　1人1単語を言う。
　「昨日」「家で」「宿題を」「やった」
(2)　1人1単語を動作も入れて言う。
　「休み時間に」「校庭で」「サッカーを」「やった」
　子どもたちは言いながら動作をつける。
(3)　1人1単語を動作も入れて、ストーリーを長くしていく。
　1人が何回も繰り返して話す。

　その後、ワンワードからツーワードにしていく。インプロはこのように一つのゲームを段階的に発展させていくことができる。発展させることで、子どもたちの楽しみ方も発展的になる。楽しみながら創造性が自然に養われるというメリットがある。
　身体を使うインプロゲームは、体育の授業で活用できる。言葉を使うインプロや物語をつくるインプロは、国語の授業に活用できる。協力が必要なインプロは、学級活動に活用できる。それぞれのインプロは学校教育のなかで有効的に活用できる。
　インプロの考え方は、自然発生と想像性である。即興なので、その場で起きていることを教師も児童も楽しむ。お互いが失敗することを認め合い、失敗を楽しみながら物語をつくっていく。相手にいい時間を与えるという考え方が根底に流れている。ジョンストンのインプロの考え方は、「失敗への恐れ」「評価への恐れ」「未来・変化への恐れ」「見られることへの恐れ」を生み出さないという考えに基づいている。

●インプロの考え方
　高尾隼教授の夏季集中講座でインプロの実技を体験した。平成21年8月17日から19日までの3日間は、10時30分から17時までインプロの実技を受講した。

高尾先生がインプロの基本的な考えを話された。「すべての人ができるということ」「相手にいい時間を与えるということ」実際は能力の問題ではなく、やるのかやらないのかだということ。インプロで大切なことは、自分から進んでやろうとする気持ちを育てるということ。そのためのインプロである。

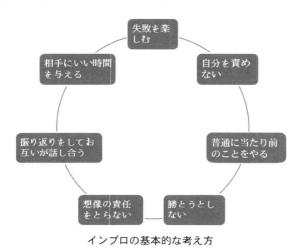

インプロの基本的な考え方

　基本的な考えを話されて、さっそくインプロの実技に入った。

●インプロの実技―集中講義の内容
　集中講義では、次のようなインプロゲームを体験した。
■二つの点
■自由画（左手で描く）
■サンキューゲーム
　考えないでどんどんジェスチャーしていく。相手がジェスチャーしたらサンキューという。いいものをつくろうとかいい評価を受けようとしない。
■ストーリー作り
　3人で短いストーリーを話しする。考えないで自然に出る話をする。短く話したら次の人に回す。所どころ大事な台詞を入れる。
■侍ゲーム
　2人で横に座り、相手と話しながら隙を見て相手の帽子を取る。
■メーキングフェース

3人で座り、真ん中が主人で両脇が従人役になる。主人が左右のどちらかに聞くので、聞かれてない方の従人役が主人に気づかれないように素早く変な顔をする。

■pecking order
ご主人と召使の関係3人で話をしながら、帽子を落とす。帽子を落とされたら大声を出す。ゆっくりと演技することが大切。

■透明人間
台所に行くと透明になってしまう。
演劇の基本は、土台がしっかりとしていないと次の変化が面白くない。観客は演劇を見るときに演技者の変化を見る。

■次、何しますかゲーム
「次、何しますか？」と聞き、もう1人が答える。話を繰り返していくが、終わり方を工夫する。終わり方の一つは、最初に出てきた話を最後に入れて終わらせる。

　1日で九つのインプロを行い、それぞれのインプロの持つ意味と振り返りを行った。2日目、3日目には、インプロに加えてギリシャ悲劇や能、浄瑠璃、ギリシャ演劇スタイルのコロス役、世阿弥の「風姿花伝」の時分の花、誠の花、即興ダンス、野口体操、マリオネットと続いた。インプロの実技を行い、失敗を経験する。失敗したことをどのように修正するかをインプロというゲームで経験する。インプロをやるなかで、心地よくなる時がある。自分で心地よくできる場合もある。自分の気持ちを調整することや相手との間をつかむことなどを経験することができる。インプロの仮面使用の演技も行った。仮面をかぶることで心に変化が起きる。仮面がその人の心の変化を表現するようになることもある。
　高尾先生の集中講座は、インプロのもつ考え方や実技、振り返り、演劇の種類や歴史など幅広い内容を行った。講座の最終日、8月23日16時10分から18時10分までは、小金井アートスポット・シャトー2Fでインプロ公演を行った。授業を受けた私たちが役者になり、お客さんの前でインプロを演じた。会場に行くまでは非常に緊張していたが、会場に着くと大学院の中教授生や大学院の仲間たちだったので、落ち着いて演じることができた。公演の案内状と行ったインプロ公演での感想を記す。

●高尾先生が配布した発表会の案内状

> ## インプロ公演
>
> 大学院でのインプロの集中講義の発表会です。受講生は4日間インプロを学んできました。しかし、インプロはけいこ場で学ぶことが半分、残り半分は舞台の上に立って初めて学ぶことができます。私たちの学びをどうぞ応援してください。みなさんにいい時間を与えられたらと思います。
>
> 日時　2010年8月23日（月）18：30開場　19：00開演
> 場所　小金井アートスポット　シャトー2F
> 出演　表現教育内容基礎研究受講者（担当：高尾隆）

　インプロは即興劇のため、事前にプログラミングはされていない。高尾先生が講演のお客さんや演技者、雰囲気を感じながらその場でお題が出される。

●発表会で行ったインプロ

- 仲間外れ
- 屈辱ゲーム
- 歌：スキャット
- 歌：ゴスペル
- 一語博士
- 主人と召使
- イメージ
- 人形遣い

- 人形遣い
- イルカの調教
- 歌：サルサ
- 「さしすせそ」禁止
- ハットゲーム
- ペキンオーダー
- コンタクト

●発表会の感想

> ### インプロ公演を終えて
>
> 栗原　茂
>
> 　インプロ初経験、お客さんに見せるというよりも一緒に楽しもうという感じがした。お客さんにとっても参加型になるのではないかと感じた。演じていても緊張せずにできた。自分は緊張する方だが、自然体でやること

ができた。今日のような気持ちはあまり経験したことがない。とても不思議な経験だと感じている。快く、気分良くさせるのは、インプロに「相手にいい時間を与える」などの考え方が土台を支えているからだと思う。高尾准教授の人柄も大きいのではないか。この気持ちを学校教育に取り入れ、子どもたちにも体験させたい。公演終了後にお客さんや一緒に演じた仲間たちと雑談をした。出演者と観客の一体感があり、どちらも出演者のような雰囲気だった。これもインプロ独特の雰囲気なのではないか。みんな気持ちのいい若者だ。いい経験ができたことに感謝、ありがたかった。

● **インプロの考えと学校教育**

インプロは、舞台に上がる演技者の緊張をなくして本来の演技ができるようにとの願いから生まれた。即興劇であり、その場で課題を与えられ、考えたことやひらめいたことを表現していく演劇である。

今回の公演は、受講生がインプロの理論を学ぶだけではなく実践を行うことで、インプロ本来の考え方をからだ全体で理解してほしいという高尾先生の考えなのだろう。舞台に立ちながら観客の反応や高尾先生の反応が手に取るように分かった。黒テントの発表会では緊張で震えていた私だったが、この日の公演では、自然体で演技することができた。この自然体でいられる気持ちはどこから来るのだろう。心がほっとし、自分が自分らしくいられることが嬉しくなる。公演が終わって出演者や観客の皆さんと楽しく話をすることもできた。

このインプロは、私が探し求めていたものだったように感じる。舞台を学校という場に置き換えて考えてみる。学校はストレスや緊張が無縁な場所だろうか？ 失敗は許される場所だろうか？ 学校で仕事をしている時間、気が休まることがない。家に帰ってからも学校の仕事を考えている。今の学校はあまりに忙しく、多くの要求を強いられすぎている。気持ちもからだも休まることがない。私のような仕事が大好きな者でもこのように休まることもないように感じるのである。だからこそ、演劇教育のインプロのもつ考えは、今の学校教育には必要なのだと思う。

学校とは子どもたちの日々の成長を見つめる場所である。子どもたちは学校で失敗を繰り返し成長していく。学校は子どもたちの失敗を経験させる場と考えるならば、インプロの持つ考え方は学校教育に必要だと考えられる。

演劇教育はとっても幅広い内容のジャンルが含まれている。経験した黒テン

トの演劇、ドラマ教育、インプロだけでもその枠は大きく広がる。演劇教育のジャンルとその内容の整理が必要であり課題である。

● 2年目の研究題目を考える

　2年目、研究題目の「表現コミュニケーション力」について中島教授に助言された。「コミュニケーション」という言葉は、言語や非言語のさまざまなコミュニケーションを含んでいるので、「表現コミュニケーション力」というテーマでは広すぎて研究対象にはならないという。研究題目が決まらないことに戸惑っていた。

　演劇教育の本や心理学、言語教育の本を参考に研究題目を探し続けた。「演劇ワークショップは対応力を育むか」「非言語コミュニケーションのアイコンタクト」「ミラーニューロンの人への影響」「学校の見方を変える演劇ワークショップ」「演劇ワークショップを活用した学び」「演劇ワークショップから学ぶ教育実践」などの題目を考え続けた。しかし、決定的な研究題目は決まらなかった。

　私は現職教員のため、大学院にはできるだけ長期間在籍し、多くの学びを望んでいた。そのため、大学院入学の時点で4年間在籍の申し込みをしていた。じっくりと演劇教育を学び、3年目に修士論文を書き始めようと思っていた。ただ、研究題目が決定しないことに焦りを感じていた。

　研究題目を決めることが大学院に入って一番大変なことでもあった。研究題目を決めるためにも、演劇教育をさらに積極的に学ばなければならなかった。高尾隆先生の「表現教育研究法」の授業を受講した。1年目同様、ミニ論文を書いて合宿で批評会をした。この授業は修士論文を書く時の参考になった。

　昨年同様、専攻によって研究題目のジャンルは異なるが、表現教育という土台は共通している。「英語」「僧侶の声明」「ダンスの即興表現」「演劇」「劇場運営」「保育学生の学び」「引きこもり支援への演劇」と内容は幅広く、深い。一人ひとりが研究題目に向かって自分の全能力を傾けて探し出し、迷いながら追究した。そのミニ論文を各自が発表し、質問が行き交った。しかし、研究を進める者同士の共有する気持ちが合宿の話し合いにはあった。2年目ということもあり、行き交う質疑応答も理解できた。

　発表したのは『「演劇ワークショップ」と「体ほぐしの運動」、それぞれのねらいと有効性を探る』のミニ論文だった。今まで研究してきた体育の「体ほぐしの運動」と「演劇ワークショップ」の共有点を探り、演劇を「体ほぐしの運

動」に取り入れることを研究題目にして発表した。

担当教官である高尾隆先生もその研究題目で修士論文を書くことができるのではないかと助言してくれた。2年間をかけて研究題目が決定した。嬉しさがこみあげてきて、それまでの2年間のことが思い出された。それほど私にとっては、研究題目を探し続けることが大変であった。

このミニ論文批評会合宿後、大学院の3年目から修士論文の構成表を書き始める。この時点で単位はほぼ取っていたので、修士論文を書き上げることに集中することができた。研究題目の方向性がはっきりしてきた私は、3年目の夏から本格的に修士論文を書き始めていった。平日は勤務をしているので、夏季休暇中の日々を修士論文を書くことに費やした。

⑤演劇で活躍する3人の演出家に学ぶ

大学院の授業、演劇ワークショップで演劇を学び、同時に演劇の本を数多く読んだ。特に演劇界の代表的な3人の演出家、平田オリザ、鴻上尚史、成井豊の考え方を知り、学校教育に活かすことができるのではないかと思った。

なぜこの3人の演出家を選んだのか。平田オリザは演劇教育を学校教育に取り入れようと桜美林大学や大阪大学で実際に授業を受け持っている演出家である。彼の講演を数回聞く機会があったが、演劇と教育を重ね合わせていることに共感した。世界の演劇教育の状況把握の広い視野と子どもたちにどのような力をつければよいのかということを具体的に提示している。学校教育に演劇教育を取り入れようと活動的に行動している。

鴻上尚史は演劇に関する多くの著書を出版している。ロンドンに演劇を学びに行き、帰国後は演劇メソッドや演劇を志す若者の育成に励んでいる等、日本の演劇に大きな影響を与えている。

成井豊は元高校教師で、著書にも教育的な内容が書かれている。教育と演劇の共通点が随所にある。このような理由でこの3人の演出家に注目し、演劇の考えと学校教育の共有点を追究しようと考えた。

●平田オリザから学んだこと

平田オリザ――劇作家・演出家・「青年団」主宰。大阪大学コミュニケーションデザイン・センター教授。

平田オリザは、著書『コミュニケーション力を引き出す』のなかで、演劇とはコミュニケーション力をつけるものであり、クリエイティブな力を養うことができると主張している。言葉やコミュニケーションや人間の動作に興味・関心をもってもらい、自分の専門領域や普段の仕事に役立つことを見つけてもらうことであるという。

　基本的なコミュニケーション能力は、子どもは遊びのなかで身につけ、大人は普段の生活のなかで身につけるものであると考えることができる。今、子どもについては表現力が低下したという人もいるが、平田は必ずしもそうは見ていない。今の子どもたちは、ダンスをやる子が多く、リズム感もある。その点から見ても、子どもの表現力が低下したと、平田は考えていない。ただ、IT化や少子化の影響で、子どもにとっての直接的なコミュニケーションの必要性が薄くなってきていることは考えられるという。そこで、問題にしなければならないのは、伝える技術よりも伝えたいという気持ちの持ち方なのであると、平田は考えている。

　伝えたいという気持ちは、どのように子どもたちの心に芽生えるのであろうか。それは、「伝わらない」という経験をしなければ、子どもたちにとっては必要性を感じないことなのであると平田は考える。

　今の子どもたちは、大人に保護されている環境にいることが多い。自分で直接やらなくとも、親や教師、学童保育の教師、習い事のコーチ等が、子どもたちの生活の場には存在している。このような大人たちの介入により、子どもたちの「伝えたい気持ちが伝わらない」という体験が決定的に少なくなるという。子どもに経験を積ませるには、障害者施設や高齢者施設などに行き、体験教育をさせたほうがいい。ただ、予算や人員、セキュリティーの問題で、子どもを学校の外に頻繁に連れ出すことができない。その一つの代案として、演劇があると平田は考えている。

　演劇は、他者をシミュレートする体験であると考えられる。シミュレートする体験は、いろんな人と出会え、いろんな人のものの考え方を知ることができる。やってみると本当におもしろいのだという。さらに、演劇ワークショップには、コミュニケーションが個人の能力のみに依存するのではなく、コミュニケーション環境に大きく左右されるのだということを実感し、気づくことができるという、優れた効果があると平田は考える。

　今の時代、そしてこれからのサイバーコミュニケーション全盛の時代では、異

なる価値観や異なる文化背景を持った人と出会った時に、「どうにかする力」が重要になる。それも、機転を利かせるという「瞬発力」よりも「粘り強い」コミュニケーション能力だという。そのような状況に耐えて切り抜く力を、「対話力」と平田は呼ぶ。対話は、お互いが歩み寄ってお互いが変わることを前提として議論を進める。「相手と対等の立場に立つ」、上からの目線ではなく対等な立場に立つ訓練が必要になってくる。それには、演劇というのは非常に安上がりで、いろんな人と出会えて、いろんな人のものの考え方を知ることができる、いいルーツなのではないかと、平田は主張している。

　平田が考えるように、子ども自身の伝えたいという気持ちをどのように育てるかということが大切だと思う。今の子どもたちは、生活のなかで伝えることをしなくても生活することができる。その伝えなくても生活できる子どもたちの生活そのものを、どのように周りの人との関わりを結びつけるのか、切り開くかが課題として見えてくる。そして、生活を耕し子どもたちの伝えたいという気持ちをつくっていくことが、子どもたちの「生きる力」に結びつくのではないかと思う。

● 鴻上尚史から学んだこと

　　　　鴻上尚史――劇作家・演出家。劇団「第三舞台」主宰。2008年「虚構の劇団」を旗揚げする。

「正しい体」とは何か？

　鴻上の考える「正しい体」とは、感情やイメージをちゃんと表現できる体のことだという（『発声と身体のレッスン』）。自分が感情やイメージを表現しようとする時、それをじゃまする体を持つのではなく、それをちゃんと表現できる体を持つようになることだという。さらに、さまざまなイメージに対応し変化できる体を持つようになることが重要だと鴻上は考えている。この「正しい体」へのアプローチは、三つのレベルがあると、鴻上は考える。

　一つ目は、「疲れない体」「体力抜群な体」という基礎体力がまず必要となる。人間として健康な生活を維持し、毎日を快適に暮らしていくためにも、基礎体力が必要だという。

　二つ目は、「体の外側へ」という視点を持つということ。心のなかに、あふれる思いがあっても、それが「からだ」に現われていなければ意味はないという。「体の外側へ」という視点は、その感情やイメージがちゃんと外側から見て、表

現できているかどうかを確認する視点であるという。

　三つ目は、「体の内側へ」という視点を持つということ。自分の体の内側は、ちゃんと感情やイメージを表現するに相応しい体なのかということ。自分の体が健全に機能していなければ、どんな表現を考えて、思考錯誤しても、表現へはたどり着かないだろうという。

　「正しい体」への三つのアプローチ、「基礎体力」「体の外側へ」「体の内側へ」は、自分の体が健全に機能していなければ自分の体としては機能しないということである。

　さらに鴻上は「リラックスした体」になるためのレッスンを考えている（前掲書）。

　この鴻上の「リラックスした体」のレッスンが「体ほぐしの運動」が導入された時の考え方と共有していると思う。特に、「体の内側へ」のレッスンは、「体ほぐしの運動」の考え方の根底「体への気づき」「体の調整」「仲間との交流」と共有している。この「リラックスした体」のレッスンを学校教育に取り入れる必要があると思う。

●成井豊に学んだこと
　　　　　　成井豊——高校教師後、「演劇集団キャラメルボックス」を結成し、脚本・演出を担当。
・「感情解放」
　成井は「感情解放」を成し遂げることを主張する（『成井豊のワークショップ』）。成井の言い方では、それは恥を捨て、馬鹿になることだという。「失敗してもいい」と腹をすえ、「自分の心を真っ白にする」、演技しようとする自分を壊すことだという。不安・羞恥心・過剰なプライド・功名心・優越感・劣等感などでがんじがらめに縛られている心を自由に解き放つこと。他の人に対して、自分自身に対して心を開くこと。そして、本当に心を動かすことだという。このような感情解放をゲームや朗読、スピーチ、漫才等のレッスンを積み重ね、少しずつ学んでいくという。

　演技は、内面を磨くことによっていくらでもかっこよく、いくらでも美しくなれるという。そのためには、自分自身のカッコ悪い部分をさらけ出すという、意志と覚悟が必要だという。この二つを持つ者のみが、感情解放を成し遂げることができると、成井は考える。

　成井の「感情解放」は、学校では困難ではないか。学校にはいろいろな子ど

もがいる。「感情解放」できる子どももいる。自分の感情を表現することが苦手な子どももいる。学校教育では、感情を表現することが苦手な子どもたちに無理強いすることはできない。しかし、学校での子どもたちにとっても、成井の言う「感情解放」は大切なことである。学校で「感情解放」をどのように考え、どのように成し得るかを考え実践していくことは学校教育の一つの課題であると思う。

・自分を映す正確な鏡

　成井は自分自身を考えさせるためにレポートを劇団員に課すという。人間には自分自身が分からない部分を持っているという。その分からない自分を一つひとつ掘り返していくのが、役者の仕事だと成井は考えている。

　自分を見つめることは、自分の可能性の挑戦ともとれる。自分を見つめることができるから、友達との関わりも作れるようになる。自分自身と周りの友達との関係が、正確な鏡になっているということである。自分を客観的に見ないから周りの友達との関わりにも欠けるのである。まず、自分自身を知ることから始まるのであるということを、成井は主張している。

　成井が劇団員にレポートを課し、自分を知る手掛かりにしていることは、学校教育的だと私は思った。自分を見つめ、自分を知ることが演劇の始まりなのだと考えるならば、学校教育も子どもたちが自分自身を知ることから始まるのだと私は思う。そう考えると、成井の考えは学校教育に参考になる考えだといえる。

・自信とは何か

　成井の考える自信とは、挑戦する気持ちを持ち続けることなのだという。感情解放し勝負する気持ちを持ち続けることで、自信がつくられていくのだと成井は考えている。本当の自信は挑戦するところから始まるのだと考えている。

　現在の子どもたちの自信のなさは、成井の言う挑戦する気持ちがないことから来ていると思う。何苦労なく生活できる子どもにとっては、挑戦するものを探す必要もない。だから子どもたちは自分に自信がないことも気にはならないのではないか。

●3人の演劇から見えてきたもの

　3人に共通していることは、演劇は一人ではできないものであり、周りの人を信じなければできない仕事であるということ。周りの人を信じるには、自分自

身を信じるということでもある。平田の言葉を借りれば、「他者の理解」「自己の肯定」である。成井は、「感情解放」という言葉を使い、「自分の心を真っ白にする」ぐらい、精一杯自分と真正面から対決してほしいという。そういう体験をして、人間は初めて自分を信頼し、自己肯定感を持てるようになるという。精一杯にやることで、心は解放され、自分のイメージする自分になることができると、成井は考える。

一方、緊張が体に定着してしまうという問題は、学校教育での子どもたちにも感じることである。このような緊張した体は、どのように「リラックスした体」になるのであろうか。「リラックスした体」になるには、イメージを持つことだと、鴻上は考える。鴻上の考えるイメージを持つとは、どのようなことなのであろうか。体の使い方では、自分の首の緊張を自覚することだという。また、背骨や骨盤の体の使い方を指摘している。そして、自分自身の体の使い方のイメージを持つことであり、「あなたの感情やイメージをちゃんと表現できる体を持つこと」、そのためのレッスンを鴻上は勧める。

また、鴻上は心とからだを正面から見つめ、自分自身が何者なのかを問い続けるなかで、自分自身だけではできないことや解答が見つからないこと、周りの人がいるからやっていける自分自身に気づくということの必要性も説いている。

このように演劇の経験は、自分の生き方を見つめ直すことのできる経験となることが３人の考えから読み取れる。自分だけの経験だけではなく、周りの人とともに経験することで自分だけでは感じられなかった新しい感情や感覚を身につけることができるものでもある。さらに、生き方をシミュレーションすることができることも演劇の魅力であると、３人の演出家の考えから理解することができる。

「伝えることがない」「やる気がない」という子どもたちの気持ちに寄り添い、自分の生き方を見つめ、周りの人を見つめることで、子どもたちの新しい感情や感覚を育てることができるのではないか。３人の演出家の考えは、学校教育の目標になる「生きる力」を育む考え方と共通点があると私は感じた。だからこそ、こうした演劇の可能性を学校教育に生かす演劇教育の必要性を感じるのである。

⑥「子どもの学び」について

　ここで3人の教育学者、佐藤学（学習院大学教授）、佐伯胖（元東京大学名誉教授）、レフ・ヴィゴツキーの「学び」について記そうと思う。学習は一人で行うものではなく、グループで学び合うことでお互いが高め合う学習になるという考え方が、この3人には共有されている。演劇教育を学校教育に活かしたいと思っている私の根底にある教育についての考えは、この3人の考えが土台にある。

●佐藤学の「協同的な学び」
　子どもにとってよい授業とは、子ども自らが主体者となる授業であり、自分の言葉や考え方を他の友達と交流することができる授業であると佐藤は言う（『教育の方法』放送大学叢書）。そのためには、「他者の声を聴くこと」である。「他者の声を聴くこと」は、友達と自分との考えの相違を知ることである。「他者の声を聴くこと」から出発して、「世界づくり」「仲間づくり」「自分づくり」という三位一体の対話的実践が可能になる。それまでの勉強という「伝達」から、学びという「対話」への転換である。この「対話」は、個人としての学びではなく協同的な学びであり、活動し、表現し、共有することのできる「学び」と考えることができる。このような「学び」を実践していきながら「互恵的な学び」を築くことが学校教育には必要なのであると、佐藤は言う。
　グループ学習と佐藤の「協同的な学び」は、ほぼ同じ考え方に基づいている。

●佐伯胖の「学び」とは？
　佐伯の考える「学び」の動機づけの三つの関係とは、「学習内容」と「学び手」と「学ばせようとする人」のことである。この三つの関係のなかで行動特性を見ていくという考え方を「関係論的視点」という。

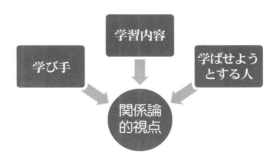

この「関係論的視点」は、その子どもが内に秘めている「気持ち」を周辺の人と、それを取り巻く世界との関係のなかでとらえることである。佐伯によれば、その子を取り巻く世界がその子の問題行動をつくっているとも考えられるというのである。
　「関係論的視点」では、登校拒否の子どもの問題を本人のやる気の問題としてだけではとらえない。登校拒否の子どもの「関係論的視点」として考えるならば、その子どもの周りとの関係のなかで見ていく必要がある。子どもの視点に立って子どもを見るということは、その子どもだけの問題を見るのではなく、子どもの周りの関係のなかに視点を当てるということである。「学ばせようとする人」が子どもの視点に立つことは、子どもの内に秘めた「気持ち」に寄り添い信頼することであり、子どもがやる気を出すことのできるスタート地点に立つことである。このように考えていくと、「学ばせようとする人」は、子どもの視点に立ち、子どもから学ばなければならない。ここに「学びと教えは表裏一体」という考えは、「学び」の根拠となると佐伯は言う。
　佐伯は、「学びのドーナッツ論」で、教師と子どもの関係、あるいは、親と子どもの関係において、信頼関係が築かれなければ、「学び」は学びとはならないという。教師と子どもの関係、教師と親の関係における信頼関係は、その場だけではなく、それ以降の人間関係の基礎をつくるといえる。子どもにとっては親との関係がその子どもの「学び」を決定づけるということである。子どもの周りの学びを構築していかなければならないのは、このように「学び」は関係性の問題だからである。つまり、「学び」を親子間だけのものとはせず、親子を取り巻く周りの人々や環境を含めた関係性としてとらえるということである。
　子どもの学びは、子どもを取り巻く関係論的視点からの学びという佐伯の考えを、教師も親も知らなければならない。知ることで子どもたちの学ぶ環境をより良くしていこうという知恵を働かすことができる。学びは、子どもが学ぶための環境を整えることから始まるのである。学校の教師ができることは、自らが学ぶことが楽しいことであり、学ぶことで素晴らしいことに出合えるという経験を導いてあげることだ。子どもたちのやる気のなさや伝える気持ちがないことは、教師自らが子どもたちに寄り添いながら生きるためのエネルギーを伝える必要がある。

1　なぜ「体育」と「演劇教育」なのか？

●レフ・ヴィゴッキーについて

　ロシアの天才的心理学者ヴィゴッキー（1896年～1934年）は、「心理学のモーツァルト」と呼ばれる。発達の最近接領域の理論、子どもの精神発達と教授―学習との関係を説く。

　学校における教授―学習は、子どもが一人で解答する問題によって決定される「現下の発達水準」と、他人との協同のなかで問題を解く場合に到達する水準「明日の発達水準」との間の差違が、子どもの「発達の最近接領域」を決定する。子どもは、模倣を通して移行し、子ども自身が独力ではできないことに目を向け、できることからできないことへの移行を考慮しなければならない。ヴィゴッキーは、「自分一人でもできる」ことから「自分一人ではできない」ことへ、周囲の子どもたちから学ぶという「後ろに発達を従える教育」を主張し、子どもの精神発達をつねに文化的、社会的環境と教育との深いかかわりのなかで捉えようとした。このように、発達の最近接領域の理論は、子どもの精神発達における教師の先導的役割の必要とともに、子ども自身の積極的な内面的活動、そして第三に子どもたちの集団的・協同的活動の必要性を説く理論である。

●3人の教育者から見えてきたもの

　佐藤学氏の協同的な学びは、ヴィゴッキーの発達の最近接領域にある明日の発達水準の考え方が土台としてあると考えられる。子どもたちの学びは、集団によるお互いの学び合いによって、一人では到達しないより高い学びができるようになる。佐伯胖氏の考える関係論的視点も含めた学びの環境を整え、明日の発達水準になる協同的な学びへと導くことが、学校教育の役割である。学校教育は教師と子どもの関係だけではなく、教師と子ども、保護者と地域の方々が子どもたちを温かく迎い入れ、寄り添い学ぶことの楽しさや嬉しさを伝えることなのである。学ぶ楽しさを学校や地域のなかで繰り広げることができれば、

子どもたちは生きる楽しみや喜びを自ら探し出していく。教師は子どもたちの生きる力を発揮できる橋渡しを、自分の生きていくエネルギーで伝えていく仕事なのである。
　佐伯胖氏の考える関係論的視点をさらに追究していくことにする。子どもと教師の関係にさらに目を向けなければいけないという思いが一層強くなったからだ。自分の考え方を見つめ直す必要があり、佐伯氏から直接学びたいと思うようになった。
　当時、佐伯胖氏は東京大学教授を退官され、青山学院大学に勤務されていた。青山学院大学の佐伯氏の授業を受講したい、大学院博士課程で佐伯氏に学ぼうと思った。しかし、佐伯胖氏は平成24年3月青山学院大学教授を退官されたので、叶うことはなかった。
　佐伯胖氏は心理学の考えを教育に活かしている。体育と演劇、そこに心理学、例えばアフォーダンスの考えを取り入れてみてはどうかと考えるに至った。
　アフォーダンスというのは、動物と環境の相互作用を通して影響しあう行為や特性というものである。
　外界の環境によって自分のイメージした表現に異なる反応が生じる。その異なる反応から新たなプロセスを築こうとすることが学びを深めると私は考える。
　「頭の中だけで考える」認識は、本当の学びとはならないのではないか。心とからだを通して学ぶことこそが本来の学びであり、体育と演劇教育にとって心とからだを通す、さらに心理学のアフォーダンスの考えを取り入れてみてはどうかと考えた。
　そこでアフォーダンスの考え方を取り入れた「表現」の授業に取り組んだ。新聞紙の動きをからだで表現する。ヒラヒラと風に漂う、木に引っかかる、丸めて投げられる新聞紙になって、からだで表現する。初めは立ち止まっていた子が周りの動きを見て動くようになり、全身表現へと変化していく。お互いの動きが影響しあい、全体の表現をつくり出していった。立ち止まっていた子は、周りの環境を取り込んで、自然にからだで表現していった。
　今回の「表現」の授業は新聞紙になり切って動きをつくり出すので、周りの動きという環境を意識しないまま、お互いが動きに取り込みながら、からだが動きをつくり出す、あるいは、からだが考えをつくり出しているように見えた。環境が動きをつくり出すアフォーダンスの考えは「表現」の授業のみならず、他の学習でも大きな影響を与えるものと考えられる。

幼児体育教室のファシリテーターをした時にも、アフォーダンスの考えを取り入れた。体育館に跳び箱、マット、エバーマット、ケンパ、平均台を配置した。一人の子が舞台の上から下にあるエバーマットに飛び降りると、他の子が次々にまねをしだした。跳び箱も、ケンパも一人がやりだすと次々にまねをしてやりだした。ケンパができなかった子が、見よう見まねで跳べるようになっていった。初めはケンパのリズムが「ケン、ケン、ケン、パ」だったのが、3回目にはゆっくりした「ケン、ケン、パ」になり、スムーズな「ケン、ケン、パ」になっていった。自分の前で跳んでいる子の動きを見て、自分の動きに取り込んで、跳べるようになっていったのである。

　このようにアフォーダンスの、人と環境の相互作用を活かし、関係論的視点にもとづき、主体的な学びへと導く橋渡しをする。そのための学びを3人の教育者から読み取り、現在、授業づくりに結びつける試みをしている。

(3)「体ほぐしの運動」と「インプロ」

① 「体ほぐしの運動」について

● 「体ほぐしの運動」のねらい

学習指導要領には「体ほぐしの運動」の三つのねらいが記されている。三つのねらいとは、「体への気づき」「体の調整」「仲間との交流」である。

体への気付き	
・運動を通して、自分や仲間の体や心の状態に気付く。	

体の調整	
・運動を通して、日常生活での身のこなしや体の調子を整える。	

仲間との交流	
・仲間と楽しく体を動かし、互いの良さを認め合う。	

● 導入の背景

「体ほぐしの運動」が小・中学校に導入されたのは、運動をする子と運動をしない子の二極化顕在化、いじめ、学級・学校崩壊、暴力事件等の学校や社会問題が背景にある。このような問題は、現場で体育の授業に携わっているなかでも、「鉄棒にとび乗れない子」「マット運動で前回りのできない子」「ボールをキャッチできない子」「ボールを投げることのできない子」「真っ直ぐに走れない子」等、運動の領域単元によって多々生じる問題でもある。

運動をする子と運動をしない子の二極化顕在化、いじめ、学級・学校崩壊、暴力事件等の学校や社会問題が背景となり導入されたという理由をさらに調べる。学校現場の日々の問題は、授業を受けるのは当たり前、学校に登校するのは当たり前の時代から子どもたちにどうやって登校してもらい、授業に参加してもらうかを考えねばならない時代に来ていることがわかる。

1998年(平成10年6月)教育課程審議会は「心とからだを一体としてとらえる」という観点と体の気づき、体の調整、仲間との交流というねらいのもと、「体ほぐしの運動」を打ち出す。からだだけではなく、心の問題も複合しているととらえ、心の問題を体育という教科学習のなかに取り入れるという、体育科にとって初めての試みがスタートした。

　子どもたちの現状の諸問題を考えた時に「心とからだの一体」に目を向けることは必要なことである。子どもたちの抱えている問題に寄り添いながら、心とからだをどのように開放するかを実践していくことが、「体ほぐしの運動」が導入された理由である。

●学校現場での扱い

　「体ほぐしの運動」が導入された当時、学校現場では戸惑いが広がった。それまでの体育のねらいと全く違う心とからだの関係に視点を当てたものに戸惑い多少の混乱を生んだのは、当時としては当然であったと私は思う。

　導入当時の「体ほぐしの運動」は、理論が独り歩きしていた。「準備体操をやれば、体ほぐしの運動は意味がない」「体育に遊びを入れている」「体育のねらいとは違うもの」と、ほとんどの教師は考えていた。私も「体ほぐしの運動」を体育ではないものが入ってきたと思っていた。

　その後、研究授業などを重ね、「体ほぐしの運動」は徐々に学校現場に定着していった。

小学校体育の単元領域

学年	1・2	3・4	5・6
領域	体つくり運動（体ほぐしの運動）		
	器械・器具を使っての運動遊び	器械運動	
	走・跳の運動遊び	走・跳の運動	陸上運動
	水遊び	浮く・泳ぐ運動	水泳
	ゲーム		ボール運動
	表現リズム遊び	表現運動	
		保健	

体つくり運動の歴史と体つくり運動のなかの「体ほぐしの運動」

1949 年	徒手体操
1968 年	体操
2002 年	体つくり運動① （体力を高める運動＋体ほぐしの運動）
2011 年	体つくり運動② （低・中学年：　多様な動きをつくる運動＋体ほぐしの運動） （高学年：　　　体力を高める運動＋体ほぐしの運動）

　「体ほぐしの運動」は、体育の授業で大きく二つの方法で行われる。「体つくり運動」のなかに位置づけられる「体ほぐしの運動」と、「体育の各領域」の導入として位置づけられる「体ほぐしの運動」である。

　私の知る限りでは、小学校の体育の授業では、「体育の各領域」の導入として位置づけられ、準備運動や運動感覚作りとして授業の導入で行うことが多い。

②「体ほぐしの運動」と「インプロ」の共通点

　「自分の生き方を見つめ直すこと」「生き方のシミュレーションとして見ること」「自分だけの経験だけではなく、周りの人とともに経験すること」「自分だけでは感じられなかった新しい感情や感覚を身につけること」が「体ほぐしの運動」と「インプロ」の共通点として挙げられる。

　前述したように、「体ほぐしの運動」は、1998年の教育課程審議会で「心とからだを一体としてとらえる」という観点と、「体の気づき」「体の調整」「仲間との交流」というねらいのもとに考えられ、心の問題を体育のなかに取り入れるという初めての試みとしてスタートした。子どもたちの諸問題を考えた時に「心とからだの一体」に目を向けることは必然性があり、子どもの心とからだをどのように開放するかが、「体ほぐしの運動」が導入された理由だった。

　一方、キース・ジョンストンの「インプロ」は自分のからだを知るため、あるいは、気づくための失敗を楽しみ、相手にいい時間を与える活動だ。「失敗への恐れ」「評価への恐れ」「未来・変化への恐れ」「見られることへの恐れ」を生み出さない考えに基づいている。この社会的な四つの恐れを感じるからこそ、子どもたちの不登校や引きこもり、学級崩壊、学校崩壊などが引き起こされると考えられる。

「体ほぐしの運動」が導入された背景を考えると、あたかもキース・ジョンストンの「インプロ」の考え方を学校教育に導入しようとしたかのように、私には感じることができる。学校教育が、相手にいい時間を与え、失敗を楽しむことができるようになったとしたら、子どもたちも先生たちも生き生きした学校教育を行うことができるのではないだろうかと、私は考えずにはいられない。

　それだけ今の学校教育は忙しさに追われて日々過ごしている。やることも多く、考えることなく何とかこなすことで手いっぱいの状態である。教師が忙しさに追われて、子どもたちが忙しさに追われているのである。「インプロ」の考える「相手にいい時間を与える」という考えなど考える暇もない。

　しかし、人間が成長するということを考えるとき、人とのかかわりのなかで、人に対してのいたわりや優しさを育てることは、その人の一生の財産となる。それは競争原理のなかでは養うことはできない。子どもたちが共に生きていくというなかで人としてのいたわりや優しさが生まれるのである。だからこそ、「インプロ」の持つ「相手にいい時間を与える」という考え方が学校教育には必要なのである。その「インプロ」の考え方は「体ほぐしの運動」と共有する考え方である。そこでインプロの「身体を使うインプロ」「協力するインプロ」を「体ほぐしの運動」に取り入れることにした。からだを通して、いたわりや優しさを感じてほしかったのだ。これが「体ほぐしの運動」に「インプロ」を取り入れようと私が考えた理由でもある。

(4)「体育」と「演劇教育」の共有する意味とは？

　演劇教育は、「教え授ける」という伝達の学びではない。友達との「協同」の学びが根底にある。学校体育は「教え鍛える」という伝達から「楽しい体育」、そして「楽しく鍛える」という変化を経ているように私は感じている。子どもたちの体力低下が叫ばれ、近年、全国体力調査が導入された。学力向上と共に体力向上が叫ばれている。学校は子どもたちの体力向上を目指して、休み時間に全校で持久走の練習や縄跳びの練習を入れる学校が増えてきている。子どもたちの体力向上は必要なことではあるが、子どもたちの抱えている問題に寄り添いながら、心とからだを開放することはそれ以上に重要なことだと、私は考えている。

　「体ほぐしの運動」が学校教育に導入された時に問題にした、子どもたちの心の問題は目に見えるものではない。体力向上という数値の方は全国の順番や個人の評価が出るので説得力がある。しかし、子どもたちの成長のスパンを1年や2年と考えるのではなく、子ども時代を10年、15年と考えれば、数値では推し量れないものがある。

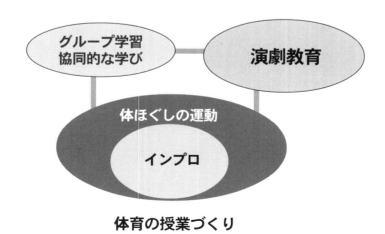

子どもたちの心とからだを開放することは、エネルギーを蓄えて力を発揮する準備をつくる。その一つの考えとして、「演劇教育」が学校教育で子どもたちの心とからだを開放する役割を果たせるのではないかと、私は考えている。子どもの成長を短いスパンで考えるならば、学力や体力の向上は子どもたちを鍛えることだが、長いスパンで見ていけば果たしてどうなのであろうか。子どもの心とからだに寄り添い、子どもの心とからだを耕し、やろうとする灯をともすことこそが必要なのだ。

「体ほぐしの運動」を取り入れた「体育」と「演劇教育」には、共有した考えがある。それは、子どもたちの心やからだに寄り添い、子ども自らが心とからだを開くように促す教育という考え方である。自分の心とからだに向き合うこと。自分を知ること。友達を知ること。そして、自分の心とからだに灯をともすことが「体育」と「演劇教育」の共有することだと、今、私は考えている。

体育の授業で考えてみると、これまでやってきた指導法で通用しないことがある。外遊びをする子どもの姿があまり見られなくなっているのだから、当然といえば当然である。

感覚運動や空間認知、対人対応を身体を通してていねいに培う必要がある。そこで私は、演劇的手法であるインプロやアクティビティを活かした体ほぐしの運動を取り入れ、技に入る以前のからだづくりを行っている。からだの土台づくりは、学習の土台づくりでもあり、心とからだに向き合うことでもある。「体育」と「演劇教育」の共有は、上にも記したが、授業では感覚運動づくりなどに活かすことができている。

2 実践A 宮城での「体ほぐし」と「インプロ」

大震災の翌年、派遣教員として宮城県の小学校へ。
元気な2年生20人の担任となって、
学校生活のさまざまな場で
子どもたちと「インプロ」を楽しんだ1年間の記録。

（1）宮城県派遣教員になる

　2011年3月11日の東日本大震災は、それまでの私たちの生活や生き方に大きな影響を与えた。新聞やテレビで被災地の様子を知るたびに、自分ができることは協力しなくてはと思った。所属する体育研究団体を通して衣服や肌着の提供や募金活動を行った。他の団体の募金活動にも協力をした。

　勤務している学校で宮城県派遣教員応募の話を校長先生から伺った。私が勤務する市では、応募者がいないという。若い先生が希望するといいのになあと、私は他人事のように思っていた。そう思いながらも、大震災のことを自分のこととして捉えなければいけないとも思っていた。50歳過ぎのベテラン教員である私が被災地に派遣されれば、逆に手間をかけるだけになるかもしれない。しかし、応募に落ちてもいいから面接だけは受けてみよう。他の教員に任せるのではなく、自分にもできる……しなくてはいけないのではないか。あの被災地の光景を見た日本の誰でもが考えたことであろう。自分に何ができるのだろうか。自分のできることは微々たることだと思うが、とにかく協力したい。

　勤務校や家族にはあらかじめ相談して了承を得、宮城派遣教員に応募した。

　神楽坂にある東京都合同庁舎で面接を受けた。2人の面接官が代わる代わる私に質問をした。「先生は失礼ですがお年を取っていますので、現地の校長先生がお困りになると思いますが……どのようにお考えになりますか」。私は、「現地に行きましたら校長先生に迷惑にならないように仕事をします。その点は問題ありません」と答えた。面接後、若い先生方が数多く受けていたので合格は難しいと思った。それから2週間後、幸いにも合格の連絡が届いた。

　2012年3月7日、東京都教育委員会宮城派遣説明会が都庁第二本庁舎であった。宮城での1年間の生活に必要な住居や自動車、勤務先の学校、事前の校長面談のことなどの説明を受けた。勤務校は宮城県柴田郡大河原町立大河原南小学校に決まった。説明は、住居、ガス、電気、水道、保険などの事務的な手続きについてのことが多かった。

　3月11日、あの東日本大震災から1年が過ぎた。改めて自分のできることをやろうと思う。宮城に行って宮城のために一生懸命働こう。

第2章　実践A―宮城での「体ほぐし」と「インプロ」

大河原南小学校から見る大河原町

　3月13日、宮城県大河原町立合同庁舎に行く。仙台で新幹線から東北本線に乗り換え南下。30分ほどで大河原駅に着く。大河原町には3小学校、2中学校がある。私を含めて東京都から派遣された教員は4人。それぞれ違う学校に派遣された。

　私は合同庁舎で派遣先の大河原町立大河原南小学校の佐藤勝彦校長にお会いして面接を受けた。佐藤勝彦校長によると、大河原南小学校は1年と4年が1学級、他学年2クラスの10学級と特別支援学級が併設されている学校で、非常に地域に密着した落ち着いた学校だという。

　佐藤校長の車で大河原南小学校のそばまで行き、学校の外観を見せてもらった。広い校庭、立派な校舎だった。ここで1年間勤務するんだなあと思うと嬉しい反面、複雑な思いがした。それは、大河原は内陸部で、海沿いではないため津波などの被害は受けていない。東日本大震災の被害はそれほど目につくものではなかったからだ。「被災地」への派遣と考えていた私は、戸惑っていた。しかし、それは私が決めることではないので、決められた大河原南小学校で一生懸命仕事をしようと思った。

　さっそく車で案内してくださった佐藤勝彦校長の気配りがありがたく感じられた。宮城の人たちを裏切ってはいけない、東京の一教師としてしっかりと働かなくてはいけないという責任を感じて東京に戻った。

57

（2）宮城県派遣教員団結式

　東京都教育委員会主催、宮城県派遣教員団結式が、2012年3月28日（水）、都庁で行われた。私は、宮城県派遣教員団結式の代表としてあいさつをした。このあいさつは思いを込めたものだった。

未来への道しるべ

　私は東京都の教師となり33年目を迎えています。若い若いと思っていた私も定年を間近に控えています。教師としての経験を重ねるにつれ、教育の奥の深さに困惑するとともに子どもの成長に幸せを感じる日々です。現在勤務している日野市立南平小学校では教務主任として学校全体の教育活動がスムーズに進むよう従事しています。職場での声かけやレクリェーション等の人と人との関わり合いを大切にしながら、学校づくりに少しでも役立つよう心配りしています。

　今回、宮城県への教員派遣に応募したのは、未曽有の震災である東日本大震災に対してできることがないであろうか、いてもたってもいられない気持ちからです。自分のできることは決して大きなことではありませんが、小さな力でも役に立てればと思っています。面接の折に若い教員の方々が応募されているのを見て、私の役割はあるのだろうかと考えもしました。これまで私が経験した阪神・淡路大震災でのボランティア活動やある研究会での宮城の先生方の話のことなどが頭に浮かびました。自分にもできることはあるのではないか、自分のできることをやろう、誠実に責任を持ってやろうと改めて思いました。そして、今この場所に立っています。

　東日本大震災は、人々の生活を一変させました。そのなかで人の幸せの意味を改めて考えさせられました。一人の教師としても、教育とは人の生死にもかかわる仕事であることを痛感させられました。だからこそ、私たち教育にたずさわる者は子どもたちの置かれた状況を理解し、子どもの目線に立ち、一人ひとりの子どもにしっかりと向き合わなければならないと

> 思います。励まし、認め、信頼関係を築き、そこから生まれる子どもたち一人ひとりの生きる力を信じたいと思います。子どもの心に寄り添い、力強く支え、応援したいと思います。そのかかわりのなかで、未来への道しるべが見えてくるものと思います。未来を輝かせる一歩となるよう全力を尽くし、東京都の職員代表として責任を持って仕事に邁進したいと思っています。
> 　さらに、今回宮城県への教員派遣という経験をさせていただくことを東京都の教育にも発信し、貢献できればと思っています。現地においても宮城県教育委員会、当該学校の校長先生はじめ教職員の皆様のお世話になると思いますが、感謝の気持ちを忘れず、仕事に従事したいと思っております。
> 　最後に、派遣団の団長として、私を快く送り出してくださる東京都教育委員会、市区町村教育委員会、校長先生はじめ教職員の皆様に感謝申し上げます。そして、東京都の教職員を代表して皆様に感謝し、責任を持って宮城へ出発させていただきます。
>
> 　　　　平成24年3月28日　日野市立南平小学校　主幹　栗原　茂

　団結式が終わると新聞記者の方に「どんな理由で宮城に行かれるのですか」と聞かれた。あいさつした通りに、「被災された方々に少しでも力になりたいからです」と答えた。それ以外の理由は何もなかった。自分の背中に重い責任を背負い込んだ気持ちがしていた。

（3）宮城の勤務校と子どもたち

　4月1日、新幹線で仙台まで行き、東北本線に乗り換え、大河原駅に到着する。心が引き締まるとともに1年間謙虚に責任を持って宮城県のために働こうと改めて思う。駅に佐藤勝彦校長が出迎えてくれた。

　大河原南小学校は宮城県仙台から電車で約30分南下した場所に位置する。遠く蔵王山脈が見える。被害ということでは、学校周辺の道路に起伏ができたこと、校舎に少し破損が生じたこと等があげられる。建物や見た目の被害は少ないが、目に見えない部分では、地震に対する危機感や知り合いが災害に遭った等の話は周りにはある。

大河原南小学校の広い校庭

校庭には築山と遊具がある

　校庭は驚くほど広い。「外周」は700mのランニングコースが設けられ、30分ある業間休みにはランニングするという学校の取り組みがある。校庭には築山やジャンボ滑り台、タイヤ、丸太の平均台、雲梯、登り棒、ブランコ、鉄棒という遊具が揃っている。派遣された2012年4月現在、10学級で全校生徒は261人の小学校だ。

　大河原南小学校は、佐藤勝彦校長、伊藤教頭、高橋教務主任、少人数担当、学級担任10人、特別支援担任2人、養護教諭、事務主事、用務主事、学習補助で22名の職員構成。赴任した当初、先生方は戸惑うことが多かった私に親切に助言してくれた。

校庭の築山で山登り

大河原南小学校では、「主体的・創造的に学び、心豊かで、たくましく生きる児童の育成」を教育目標に掲げ、「よく考える（知）、心やさしい（徳）、たくましい（体）」という教育を目指している。

校内研究は、この年から体育を研究することになっていた。体育の研究を通して子どもたちの意欲を向上させたいというテーマを立てていた。

2年生の教室と中庭

専科については、東京のような音楽や図工、家庭科あるいは理科という専科教員はいない。算数のみ少人数担当教員はいるが、その他の教科は全て担任が行う。学力については、大河原町主催の実力テストが年2回あることもあり力を入れている。実力テストは、小学校2年生から実施する。

生活指導のなかでもしつけについては、あいさつや学校の規律など子どもたちに浸透している。子どもたちは元気にあいさつし、先生の言うことをよく聞く。6年生は下級生の面倒をよく見る。そのため、6年生が下級生に慕われている。縦割り活動「なかよしタイム」を行う。各グループ6年生が積極的に活動する。6年生の元気さと笑顔が学校中で発揮される。縦割りグループ名は、「ナス」「ジャガイモ」「こめ」などの作物名。中休みは30分あり、校庭の外周700 mを走る。合唱の歌声も美しい。知・徳・体を目指した教育実践を先生方が子どもたちに伝える。子どもたちは先生方を信頼している。地域と一体になっている学校である。

（4）子どもたちと「インプロ」

○なぜインプロを行ったのか

　担任した２年１組の子どもたちは20名で、男子９人、女子11人だった。初めての出会いは４月の始業式の日。舞台に立った私の目の前にかわいい子どもたちが立っていた。緊張が張りつめている体育館のなかで、子どもたちは笑顔で嬉しそうに迎えてくれた。体育館に響く歌声が私の心を動かした。素晴らしい歌声、明るく元気なあいさつの出会いだった。元気な子どもたちと１年間の学校生活を送る。元気なあいさつと素直な気持ちを持っている子どもたちだと見ていてわかった。子どもらしい子どもたちとの出会いだった。

　子どもたちの様子を見て、元気な学年なのだろうと思った。実際に子どもたちと授業をしてみると、素直な子どもたちだということが分かった。元気でからだを動かすことが好きなことも分かった。

　30分の休み時間には子どもたちと外周を走った。鬼ごっこも一緒にやった。時々、子ども同士の言い争いや喧嘩があった。そんな時、からだを動かすことが好きなこの子たちには、インプロをすれば今以上に仲よくなれる。友達と遊ぶのが苦手な子も一緒に遊べるようになれる。言葉で注意するよりもからだを通して友達の大切さを学ばせたい。

　私はこの学級の20人の子どもたちとからだを動かすゲームやインプロをやろうと思った。

● 2012年４月17日の学級通信「スクラム」より
30分の業間休み

　「先生も一緒に遊ぶよ」と声をかけて、子どもたちと遊びました。子どもたちは「外周」といって、毎日ランニングをしています。私も一緒にランニングをしました。１周700ｍ走り、その後ジャンボ滑り台をしました。15ｍという長い滑り台でびっくりしました。子どもたちにとっては楽しい滑り台です。

教室の前に行き、「花いちもんめ」をしました。30分の業間休みは、子どもにとっては楽しい時間です。私も一緒にこれからも遊びます。業間休みに「外周」のランニングを積極的にしている子がいます。毎日どのくらい走っているのかを聞くと、毎日5週はしているそうです。頑張って走っているその気持ちが積極的でいいです。子どものやる気や意欲は宝物です。頑張れと声をかけています。業間休みは子どものいろいろな姿が見られます。

15mのジャンボ滑り台

○どういう時間に「インプロ」を行ったのか

インプロには多くの種類があるので、ねらいや時間を考えて行う。短時間でできるインプロは、帰りの会で行うことが多い。また、言語学習になるインプロは、国語の時間に行う。からだをたくさん動かすインプロは、体育の時間や学級活動で行う。インプロは学校の授業や生活のなかで工夫すればいくらでも活用することができる。インプロを行う時間も、インプロの内容によって柔軟に考えることができる。

■各活動時間に活用しやすいインプロゲーム例

国語の時間……ワンボイス／ワンワード／ツーワード／シェアード・ストーリー／ジブリッシュ／ジブリッシュチェンジ／4コマ画像／あいうえおゲーム／半分劇場／台詞当てゲーム／秘密の言葉当てゲーム　イエスアンド

体育の時間……フォークとナイフ／4枚の写真／押しっこごっこ／ミラーゲーム／ジャンピング・ハッ／スローモーション鬼ごっこ／ブラインドウォーク／架空縄跳び／架空綱引き／架空キャッチボール／ネーム・バレーボール

学級活動……イルカの調教／動物観察／キャラクター表現／アクション回し

帰りの会……ミラーゲーム／ジェスチャー／ジブリッシュ／フォークとナイフ／ジブリッシュチェンジ／イエスアンド／プレゼントゲーム／なまえハンドクラップ／感情表現／ジャンピング・ハッ／ネーム・バレーボール

○インプロのねらい

　2年1組は素直で元気な子どもたち20人だった。元気すぎて時々、友達同士のトラブルがある。そのたびに話し合いをした。子ども自身がお互いの気持ちや思いを感じ取れるようになるにはどうすればよいかと考えた。ゲームをして友達同士のかかわり合いを深めたらどうだろうか。子どもたちの様子を見ながら、ゲームを取り入れた。子どもたちはゲームが好きで、毎回楽しみにしていた。ゲームへの興味や関心が強いので、からだ全身を使ったインプロも取り入れることにした。インプロで子どもたちのかかわり合いを深める。一緒に学校生活を送り、一緒に遊び、学ぶためのかかわり合いを築く。そして、「失敗してもいいのだよ」という失敗経験を積み重ねる。

　教室で「爆弾ゲーム」「王様じゃんけん」「おんなじじゃんけん」「伝言ゲーム」「背文字ゲーム」「ものまね」「寸劇」「クイズ」を行う。友達とのかかわりを学ぶ。かかわり合いからコミュニケーションが生まれる。コミュニケーションを通して創作づくりを行い、成功体験や失敗体験をする。とくにインプロで失敗を経験することが、子どもたちを大きく育てる。なぜ失敗したのか、どうすれば失敗しないかを考えることができるからだ。失敗への免疫ができ、心とからだが失敗に耐えられるようになるからだ。

　子どもたちと学校生活を共にして感じることは、からだだけではなく心が耐えられないことだ。自分の失敗に心が耐えられずに相手を罵倒する、悪口を言いふらす、暴力をふるう。2年生の子どもたちにとっては、自分を見つめさせることは必要だがなかなか難しい。そこで、インプロやアクティビティを行うことで、子ども同士のかかわり合いを深める。深めるためには成功や失敗を繰り返すという経験を積み重なる。その経験を通して、自分を見つめることができるようになる。自分を見つめ、自分を知ることで友達とのかかわり方も学ぶことができる。友達と仲よく遊び、学ぶことができるようになるのではないかと私は考えながら子どもたちとゲームやインプロを行った。

◯子どもたちとインプロの出会い

　2年1組の子どもたちとは4月当初から休み時間や帰りの会でゲームなどをして遊んでいた。6月に入り、ゲームに加えてインプロを行った。子どもたちはインプロも楽しんでいた。以下、私の記録から記す。

■6月19日（火）「ミラーゲーム」「ジェスチャー」：帰りの会
　インプロ「ミラーゲーム」、私がやる動きを子どもたちにまねさせる。両手を真上に伸ばしてゆっくり横に伸ばす。片足を上げて案山子状態になる。ポイントはゆっくりと動作することを子どもたちに伝える。次に教室の隣同士で相手の動きの真似をする。
T「2人組になって向かい合うよ。そう、S君とTさんのようにしようね」
S「先生、誰とやるの？」
T「お隣のK君と向かい合ってやるんだよ」
S「K君とは嫌だな」
こんな会話から始まる。
T「その場所で1人がからだを動かすよ。手や足、からだ全体を動かしてもいい。先生がやるから見ていて。」
子どもたちは真剣に私がやる動きを見る。見ながら笑い出す。
T「さあ、やってみるよ」
　ペアの1人が動くと教室中から叫び声が出てくる。ペアのもう1人が動作のまねをする。ペア同士で笑いながら動作をしている。子どもはまねることが好きなので、このインプロは子どもたちに受け入れられる。
　「ジェスチャー」は、やりたい子が前に出て、何かの動きをする。みんなはその動きが何なのかを当てる。初めに私がジェスチャーを行い、子どもたちに当てさせる。やり方が分かったところで、やってくれる子を聞いてみる。
T「ジェスチャーをやりたい人はいますか」
　数人の子どもが手を挙げる。周りの子どもたちはどんなことをやるのか、興味ありそうに笑っている。H君が出てきてジェスチャーをする。やった瞬間に周りの子どもたちは声を出しながら手を挙げる。
S「サッカーのシュート」
次にOさんがジェスチャーをする。

S 「野球をしているところ」
S 「先生、もっとやろうよ」
子どもたちは手を挙げる。

　子どもたちは身体を動かすことが好きだ。身体を動かしながら考える事が好きだ。子ども時代は考えてから身体を動かすのではなく、身体を動かしながら考える、あるいは感じる。そのためには、インプロのように身体を通して考え、学ぶということが必要になる。ゲームは単純なルールで勝敗を決めるものが多い。インプロは単純なものから複雑なものに移行することができる。勝敗にはこだわらない。表現することや思考することに重点を置くが「失敗してもいいんだよ」「相手にいい時間を与える」と言う考え方が根底にある。インプロはお互いが協力し、協同し、表現し、思考する。アクティビティは活動や動作を意味する。私は「インプロ」「アクティビティ」「ゲーム」のそれぞれの良さを子どもたちに伝えたいと思っている。
　毎日、5分間のインプロを続けることで、子どもたちの心やからだから友達のことを思い、友達と一緒にいることの幸せを感じ取ってくれることを願っていた。

○教室でのインプロゲーム

　6月までに実践したインプロやゲームは次のようなものだ。

- ミラーゲーム……2人組で行う。1人が手足や表情、体全体を動かす。もう1人は動きをまねする。先生の合図で交替する。
- 押しっこごっこ……2人組で行う。2人とも両足は動かせない。両手を使って押す、引いて相手を動かす。動いた方が負けとなる。
- 王様ジャンケン……王様は椅子に立っている。王様と全員がジャンケンをする。最後まで勝ち進んだ人が王様に変わる。
- 関所破り……チームごとのジャンケン回旋リレー。15mぐらい離れたところに他のチーム代表者が立つ。ジャンケンをして勝てば代表者のまわりを1周し次の人とタッチする。負ければスタート地点の仲間が走って負けた子と代表者のまわりを1周する。勝つまで繰り返される。

- **ジェスチャー**……1人がみんなの前に出て、お題をもらう。お題のある人や物のまねをしてみんなで当てるゲーム。
- **4コマ画像**……4人で話し合いをして4枚のスナップ写真の4連続ポーズをとる。1枚ずつコメントを入れてポーズをとる。
- **爆弾ゲーム**……サークルに座る。スタートで音楽と共にボールを回し、音楽をストップさせたときにボールが回ってきていた子がサークルを抜ける。
- **ステレオカセット**……3人の子が3文字の単語の1語を同時に言います。3文字の単語を当てるゲームです。慣れてくれば4文字、5文字の単語にしていきます。

「ミラーゲーム」は、演劇の準備運動で扱われることが多い。相手の動きをまねる「ミラーゲーム」は、子どもに大人気だ。ゲームと言えば「ミラーゲーム」をやりたいと言う。1学期の学級お楽しみ会でも「ミラーゲーム」をやりたいというリクエストがあった。

「ジェスチャー」も子どもたちにとっては愉快なゲームになった。私がサッカーのシュートシーンをジェスチャーすると、子どもたちはすぐに分かって「サッカーのシュートしているところ」と言う。「やってみたい人」と言うと、多くの子が手を挙げる。3人の子にやってもらう。「野球でホームランを打ったところ」「スキーしているところ」「鍵盤ハーモニカを弾いているところ」のジェスチャーをしてくれた。

1学期は、この学校に慣れるための期間だった。学校の方針と子どもたちの状況、宮城への思いを調整する期間だった。私は東京都からの派遣教員だが、多くの思いをもってこの学校で勤務するために来た。一方学校では、それまで培ってきた教育方針がある。学校で培われてきた教育方針を大切にしながら私の思いを実践していく、出会った教室の子どもたちにとってよりよいものを提供していく。その1つがインプロだった。この学校に慣れるのに時間がかかった1学期があったので、2学期以降の実践をすることができたと私は思った。大切なことは、地道に日々考えを整理し、調整し、実践していくことなのだと思う。

○2学期からの「インプロ」

　夏休み期間中は教材研究に時間を費やす。準備に時間を費やし、2学期が始まる8月下旬から「インプロ」を取り入れた授業づくりを行う。国語の時間にはインプロの「ワンワード」を行う。ワンワードとは、一人ずつが一言を言い、話をつくる。初めて「ワンワード」をやった時、子どもたちからはなかなか言葉が出てこなかった。2回、3回とやっていくうちに言葉が出るようになり、子どもたちは「ワンワード」を楽しむことができるようになった。「ワンワード」は、人間関係の柔軟性や判断力を養うことができる。
T「どんな言葉でもいいから、思いついたことを一言ずつ言ってみよう」
S「野球で」
S「大きな」
S「ホームランを」
S「打った」
T「すごくいいね。文がつながったよ。」
　「ワンワード」が慣れてくると、「ツーワード」に挑戦した。
S「僕は　昨日」
S「休み時間に　校庭で」
S「みんなと　サッカーを」
S「やって　嬉しかった」
　「ワンワード」「ツーワード」をやっていくと、少しずつ「ツーワード」にも慣れていった。次に「ツーワード」に動作化を入れた。言葉を言いながらその言葉を動作化する。2年生の子どもたちは、言葉を動作化することを喜ぶ。からだを動かすことが大好きで、とにかくからだを動かす。見ている私には分かりにくい動きだったが、楽しそうに動かしていた。本当に面白いのだろう。インプロをしている時の子どもたちの様子を見て、インプロが学校教育に必要だという思いが、私の心の中で確かなものになった。

第 2 章　実践 A―宮城での「体ほぐし」と「インプロ」

　体育では、体ほぐしの運動を行う。小学校 2 年生のからだは柔軟だ。体ほぐしの運動は、人との関わり方を学ぶことができる。2 人組の運動から 3 人組、4 人組と増やしていく。4 人組で 4 コマ画像を行う。4 コマ画像とは、4 枚の写真のように一人一枚ずつ表現する。例えば跳び箱を跳ぶ動作を 4 コマ画像にするためには、跳び箱運動の特徴を捉える。助走→踏切→ジャンプ→着地という 4 コマ画像が考えられる。初めてやった時には、2 年生には難しいと感じたが、何回かやっていくうちに慣れてきて、子どもたちも嬉しそうに行う。この 4 コマ画像は、起承転結という作文指導にもつながる。からだで考えることができる 4 コマ画像は、子ども同士の発想力を高めることができる。からだを耕し、からだで考えるという体験になる。

　2 学期は授業や帰りの会で「インプロ」を取り入れた。その一部を記す。

■ 10 月 9 日（火）インプロ「フォークとナイフ」：帰りの会
　帰りの会で「フォークとナイフ」のインプロをやる。「フォークとナイフ」は、2 人組になって「馬の親子」「机といす」などの課題をアイコンタクトして表現する。短時間でどの場所でもできるインプロだ。やりながら子どもたちは「なんかおもしろい」「先生、これ何なの。おもしろい」と言う。からだを動かし、自分のからだで表現することはとっても楽しいと、叫びたくなる。これだけ子どもが楽しむと、私も嬉しくなる。子どもたちの笑顔や元気さが私を支えてくれる。

■ 10 月 11 日（木）インプロ「プレゼントゲーム」：帰りの会
　2 人組で架空プレゼントの渡し合いをする。1 人が架空のプレゼントを、内容が分かるように、大きいのか、小さいのか、重いのか、軽いのか、ワンワードとジェスチャーをして相手に渡す。もらった子は、相手の様子をヒントにそのプレゼントにワンワードを付け加える。お互いにワンワードを言いながらプレゼントを想像する。大いに盛り上がっていたが、まだまだ即興的な言葉が足りない。言葉が出てこないで考え込んでしまう。
T「今日はプレゼントゲームをやります。みんなは誕生日にプレゼントをもらうでしょう」
子どもたちは誕生日やプレゼントと聞いただけで嬉しそう。もう説明をする前

からやる気満々。
T「プレゼントをもらう子は、プレゼントを渡す子の言葉をヒントにしながら、プレゼントの品物を当てるというゲーム。先生がやってみるからね」
私ともう一人の子でやってみる。子どもたちはそれを見てやり方を理解する。やりたい子が手を挙げてゲームをやる。
Ｓ１「誕生日おめでとう。こんなに大きなものをもってきたよ」
Ｓ２「ありがとう。大きくて重かったでしょう」
Ｓ１「重い？……まあまあ」
即興で答えねばならないので、言葉が詰まってしまう。途中から私が助言する。
Ｓ２「うれしいなあ。部屋に飾るね？」
Ｓ１「そう、飾ってね」
　正解はクマの大きなぬいぐるみ。このゲームの必要性は、言葉を紡いでいく経験ができることだ。毎日インプロをすることで、からだの中に押し込められている子どもたちの言葉を拾っていると感じる。子どもたちが感じたことや思ったことをどんどん言葉にしていく。

10月12日（金）インプロ「プレゼントゲーム」「イルカの調教」「関所破り」：学級活動
　昨日に続いて「プレゼントゲーム」を行う。2回目になると子どもたちも要領が分かるので、さらにノリノリになってゲームを楽しんでいた。日常生活では笑わない、あまり話をしない子が楽しそうな顔をしている。隣の子とやってはいるがうまくはいかない。でも楽しそうな表情をしていた。できなくてもいいのだ。こうやってみんなで失敗することを経験する。失敗しても誰も笑わないし、失敗を繰り返して大きくなっていくのだ。こんなところにもインプロの良さがある。自分にも相手にもいい時間を与えている。
　「イルカの調教」も2回目だったので、イルカ役になりたい子がたくさんいた。イルカの調教は、調教役が場所を決める。イルカは調教役が決めた場所を調教役の動きや表情から見当をつける。イルカが場所に近づいたら拍子し、離れたら拍手を止める。その場所を当てたら、盛大に拍手をする。王様ジャンケンでイルカ役を決める。イルカを調教していると思っている人間は、実はイルカに調教されているということを知らされるゲームでもある。なぜなら、イルカの動きで手拍子が左右されるからだ。

小学校2年生のゲームに対する執着心は人生の中で最高地点に達するのではないだろうか。そう考えれば、友達とけんかをするのも当然であり、この発達段階で友達との諍いをたくさん経験することが必要でもあると改めて感じる。諍いをきっかけとしてインプロを学び、人としてのかかわり方や優しさを学んでいる。
　「関所破り」は、15mぐらい前にいる代表者とジャンケンする。ジャンケンに勝てば走って次の人にタッチする。ジャンケンに負けるとチームの子を呼び寄せてチーム全員で代表者の回りを1周し、再びジャンケンを勝つまで繰り返す。運動にもなりゲームとしての要素も面白い。動きがあるから子どもは大好きだ。

■ 10月16日（月）インプロ「イエス　アンド」：帰りの会
　インプロは肯定的な会話を重ねていく。この「イエス　アンド」は、肯定的な「イエス」を言いながら、さらにプラスになる考えを付け加えていく。いつものように私が子どもとやってみる。
T「明日、一緒に遊ぼうよ」
S「いいねえ、僕はゲームを持っていくよ」
T「いいねえ、僕はおやつを用意しておく」
S「いいねえ、僕は飲み物も持っていく」
　子どもたちは見ていてやりたくなったのか、手を挙げ始める。「やる、やる」という声も聞こえてくる。実際にやってみると、見ていたようには会話が進まない。会話は途切れてしまうが、やっている子どもたちは楽しそうだ。
「明日、家で誕生日会をやるんだ。」
「いいねえ、……うーんと……ケーキ、大きなケーキを持っていく。」
「……うれしいなあ。」
「ケーキだけじゃあなくて、……ジュースも持っていくよ。」
　こんな具合だった。明日も引き続き「イエス　アンド」をやってみようと思う。インプロは、繰り返さないとうまくはいかない。でも、インプロは即興なので繰り返すと即興ではなくなるのではないかと思う。そんな疑問が頭に浮かぶ。少なくともインプロでは、うまくできるかどうかではない。「うまくできる」という既成概念を頭から引っ越しさせねばならないかもしれない。教師も親も「うまくできること」ではなく、チャレンジしている子どもの姿を応援しなくてはいけない。インプロをしていると大切なことに気付かされることが多い。

■ 10月26日（金）インプロ「ジブリッシュチェンジ」：帰りの会

　インプロ「ジブリッシュ」とは、めちゃくちゃ語で会話すること。ペアで「ジブリッシュ」をしている時に、「チェンジ」を入れると、めちゃくちゃ語から日本語に変わる。子どもは面白がってすぐチェンジを入れる。ジブリッシュチェンジをやっている本人が盛り上がって笑い出して飛び跳ね、女の子なのに「トイレ、トイレ」などと言う。教室中が笑いに包まれていた。この「チェンジ」を入れるということが、即興につながる。即興的に判断して相手に伝える。一つ一つのインプロを教室でやると、気付くことがいろいろ出てくる。簡単だと思っていた今回の「ジブリッシュチェンジ」もやってみると、子どもたちは予想以上に巧みに即興的な会話を楽しむことができていた。会話の枠がなく自由であり、「チェンジ」で即興的な会話の変化を楽しむことができる。

　学校教育の中で広範囲に活用することは、「インプロ」そのものはもとより、「会話の自由」や「チェンジ」のような展開や発想なのではないか。子どもたちのコミュニケーション力が問われて数年過ぎたが、子どもたちと生活を共にしていてコミュニケーション力が乏しいと感じる時もある。しかし、インプロをやっている時にはあまり感じない。学校は、なかなか失敗ができない。だからこそ、失敗が学べるインプロには、大きな可能性を感じる。子どもは小学生という発達段階の時期に、たくさんの経験を積む必要がある。そして、たくさんの失敗を経験する必要がある。失敗から多くのことを学ぶことができるからだ。インプロは子どもたちが成長するためには必要なものであると確信をもつ。

■ 10月29日（月）インプロ「感情表現」：帰りの会

　先週の金曜日にやった「感情表現」、子どもたちは2人組になってノリノリでやった。インプロ「感情表現」は、私が言う「笑顔」「悲しみ」「喜び」等の言葉をお互いペアに向かって顔を中心にして身体表現する。教室でやっていると、窓越しに上級生が何人か来て物珍しそうに見ていた。感情表現で怒ったり悲しんだりする姿に、見ている上級生は驚いていた。でもやっている子どもたちにとっては楽しい。「感情表現」は、自分の感情を抑えて学校生活を送っている子どもにとっては大切なインプロだ。学校の中では、感情を抑える、コントロー

ルすることを求められる。集団生活の中では致し方ない面もある。しかし、感情を表現させることも必要なことだ。そう考えると、インプロは子どもたちが学びそびれたものを1つ1つ紡いでいく作業なのかもしれない。キース・ジョンストンという人が考えるインプロの奥の深さを感じる。

インプロは帰りの会以外にも、各教科の単元の内容と照らし合わせて授業の中に取り入れる。国語では、「絵を見て話を作ろう」の単元でインプロ「ワンワード」「ツーワード」「ジェスチャー」、アクティビティ「静止画」（4コマ画像）を授業に取り入れる。

■ 10月30日（火）インプロ「ワンワード」：国語の時間
国語「絵を見て話を作ろう」の単元では、絵を見て思ったことや感じたことを話にしていく。この単元内容だとインプロの「ワンワード」が使えるのではないかと考えた。この「ワンワード」のやり方は、班の4人でそれぞれ一言ずつ言い、話を作っていく。話をつくることが慣れたら、一言を言いながらジェスチャーを入れる。「ワンワード」で慣れてきたら「ツーワード」で話を広げる。「ツーワード」でいつ、だれが、どこで、何をした、という順に一人一人が言いながら話を作る。慣れてきたら、「ツーワード」を言いながらジェスチャーを入れる。言葉を言いながらジェスチャーを入れるというのは、子どもたちにとっては難しいようだった。この国語の単元では、インプロの実践が「ワンワード」以外にも活かされる。例えば4コマ漫画の起承転結を教材にして、その4コマ漫画をインプロにする。4コマ画像というアクティビティを有効に使うことができる。グループ学習で練習をすると、子どもたちは楽しそうにからだを動かす。言葉を言いながらジェスチャーするが、なかなかジェスチャーが思い浮かばず考え込んでしまう。

■ 10月31日（水）「4コマ画像」：国語の時間
子どもたちは、4コマ漫画の吹き出しに言葉を埋めていく。埋めた言葉を嬉しそうに発表してくれた。子どもによって漫画へのとらえ方が違うことが分かる。いろいろな言葉が出てきて面白い授業になる。子どもたちも友だちの言葉を聞いて驚いたり感心したりしていた。4人グループで吹き出しに埋めた言葉を4コマ画像にする。4人グループの誰の吹き出しの言葉を使うかを話し合う。吹き出しが決まり、立ち上がって1枚1枚の画像づくりをする。その1枚1枚

の画像に吹き出しの言葉を付け加える。

■11月2日（金）インプロ「ワンワード」「4コマ画像」：国語の時間
　4コマ漫画の吹き出しに言葉を埋める宿題を出した。やってきた宿題の中で、「なかなかやるね」というものがあった。山に登っている漫画には当然のように「やっほー、……」という言葉が入る。その後、4コマ目の漫画には、「早く宿題しろ」「いつまで遊んでいるの」「早く寝なさい。」とやまびこが返ってくる。子どもたちの日常生活が分かる言葉が吹き出しには埋められていた。絵を見て言葉を考えて書く。書いた言葉を言う。言った言葉をジェスチャーする。3回目なのでずいぶん慣れてきた。ただ、起承転結の結の部分のどんでん返しの言葉はなかなか思いつかない。今回のインプロ「ワンワード」アクティビティ「4枚の写真」での「絵を見て話を作ろう」の学習は、子どもたちも喜んでいた。絵を見て言葉を考える。考えた言葉を書く。書いた言葉を言う。言った言葉をジェスチャーするという手順は、言語学習を進めるのには有効である。子どもたちはからだ全体で言葉をつくり出し、紡いでいくように授業をして感じられる。

授業の感想
　書いた言葉を私に見せに来る。内容的にはもう少しのものが多いが、意欲的に書くところがとてもいい。アニマシオンなどにも共通することだが、絵を見て感じたことを言葉にする学習法は子どもの意欲を高める。サザエさんの4コマ漫画を活用し、吹き出しに言葉を埋める授業は、コミュニケーション力を向上させる。子どもたちが考えた吹き出しの言葉を4コマ画像に結び付け、表現させたことは子どもたちの意欲をさらに高めることができた。インプロの面白さの一つに創り出す面白さがある。今回の授業は創り出す面白さに子どもたちは意欲を高めたように思う。

　帰りの会では「毎日レク」と名付けて、5分ぐらいのインプロを行っている。

■11月6日（火）インプロ「なまえハンドクラップ」：帰りの会
　1で拍手、2で膝をたたく、3で右手を広げる、4で左手を広げる。繰り返しながら、3で自分の名前を言う。4で友達の名前を言う。言われた友達は次の繰り返し4でほかの友達の名前を言う。これを繰り返す。初めは分からなかった

子どもたちも繰り返しやっていると分かるようになり、真剣な目つきでやった。自分の名前がいつ言われるのか、子どもたちは緊張していた。このインプロのリズムは、身につけてほしいリズムだ。

■ **11月9日（金）インプロ「ネーム・バレーボール」：帰りの会**
　学級の子どもたちを半分に分けて、架空ネットを挟んでお互いのチームが対面する。片方のチームが架空サーブを入れながら相手のチーム1名の名前を言う。言われた子はレシーブをしながら味方1名の名前を言う。名前を言われた子がトスをしながら味方1名の名前を言う。言われた子はアタックしながら相手のチーム1名の名前を言う。この繰り返しで名前を言い合っていく。身体を上下動しながら自分の番かと準備する子どもたち。大人が思っている以上に想像力が働いて自分の世界を広げているように見える。また、架空プレーしながら名前を言うのでなかなか名前が出てこない。楽しめて失敗もして、わくわく感もあり、思った以上に盛り上がる。日頃、おとなしい子がわいわい騒ぐ姿を見て、いいなあと思う。

■ **11月14日（水）インプロ「押しっこごっこ」：帰りの会**
　「押しっこごっこ」──子どもたちが壁に貼ってある毎日レクの予定表を見て大騒ぎになる。隣のクラスの子が私に「押しっこごっこって、もしかしておしっこ……」子どもはこれだからおもしろいと思う。説明しながらその子と「押しっこごっこ」をやった。2人組になって向かい合い、手のひらで押し合いをしてバランスを崩した方が負けになるゲームだ。やってみると、2年生は本当に盛り上がる。きゃあきゃあ言いながら2人組で大騒ぎしながら楽しんでいた。

■ **11月16日（金）インプロ「ジャンピング・ハッ」：帰りの会**
　教室中を歩き回る。「ジャンピング」の合図で近くにいる子とジャンプしながら「ハッ！」という。ただ、それを繰り返すのだがジャンプしながらの声の掛け合いは面白い。全身を使ったゲームが好きなようだ。からだをいっぱい動かしたいのが子どもなのだと、ゲームをやりながら思う。いっぱい身体全身を動かせてあげたいと思う。

○子どもとインプロ

水曜日に縦割りの活動があった。そこでクラスのおとなしい子が遊びの中で、今までやったこともない楽しそうな笑いと動きをしたという。「〇〇君が今まで見たことのない笑いをしていて、とても変わったなあと思った」と、他学年の先生に言われた。嬉しい変化だ。毎日インプロをするということは、子どもた

教室でインプロゲームを楽しむ

ちの心の変化やコミュニケーションを培いたいという思いからだ。子どもの心の変化は教室でも感じることがある。とにかく反応がいい。遊ぼう、楽しもう、やるぞという意気込みがある。エネルギーが満ち溢れるようになってきている。その分、些細なことでトラブルもあるけれど、そのくらいの方がいい。からだ全体を動かしながら人とのかかわりの中で、多くの成功体験や失敗体験を経験することで自己肯定力を養い、自分の意志を培う。

- 子どもが楽しむインプロは、単純なゲームが多い。逆に抽象的なゲームには戸惑う。特に即興言語的なものには戸惑う。「ワンワード」などの言語インプロの必要性を感じる。
- 小学校2年生は、からだ全身で表現する気持ちがある。からだ全身を使ったインプロは、学習効果がある。
- 学級の雰囲気がよくなる。学級のなかでおとなしい子は、友達との関わり合いが持てるようになる子ども同士のかかわり合いが深まる。

(5)「体ほぐしの運動」と「インプロ」の授業
～全身で失敗体験を学べるインプロ実践で、子どもたちに生きる力を培う～

　これまで教室で行ってきた演劇教育のインプロやアクティビティを体育「体ほぐしの運動」で6回行う計画を立てた。

○ねらい

　毎日行うレクレーション「インプロ」で学級の友達関係づくりを深める。ゲームを通して失敗する体験をする。失敗することで、友達の気持ちが分かり、お互いに助け合うことの大切さを学んでほしいと思う。「インプロ」という即興劇には、失敗から学ぶという考え方がある。学校のなかで子どもたちは緊張を強いられる場面が多々ある。子どもだけではなく教師も同様である。学校のなかでは失敗は許されない雰囲気があり、失敗しないような準備をしなければならない。教師は子どもたちが失敗しないようにサポートする。そのような学校体制のなかで、失敗を通して教師も子どもも成長していこうと私は声にしている。

　インプロの種類は多く、そのなかでからだを動かすインプロを体育の体ほぐしの運動で行おうと考えた。体ほぐしの運動は自分の体の調整や仲間との協力をねらいとしている。インプロの相手にいい時間を与える、失敗してもいいだよという考え方と共通するねらいがあると思う。

○授業の実際

■ 1月29日（火）体ほぐしの運動1回目
　体ほぐしの運動にインプロを融合させた演劇教育の実践1回目を体育館で行った。
　　準備運動
　・ミラーゲーム
　・押しっこごっこ

授業でのインプロやアクティビティ
・スローモーション鬼ごっこ
・名前鬼ごっこ
・二人組鬼ごっこ
・ブラインドウォーク
・4枚の写真

　準備運動の「ミラーゲーム」は、子どもたちが笑いをこらえるのに苦労していた。「押しっこごっこ」は、2人組で楽しそうにやっていた。
T「自分の好きな動物になって体育館を動き回ろう」
S「どんな動物でもいいんですか？」
T「いいですよ。なりたい動物になって動いてみよう」
　子どもたちは考えながら1人、2人と動物の動きを始める。
　動物歩きをしている子に「インタビュー」をしてみる。
S「うさぎさん」
T「うさぎさんが何をしているの？」
S「うさぎさんがお母さんと散歩をしているの」
　他の子にもインタビューすると、嬉しそうに「ゴリラになってこの森を守っている」と答えてくれた。その言葉に周りの子どもたちも「インタビューをしてほしい」という視線を送ってきた。動物歩きでは、それぞれが動物の表現をする。私が動物歩きの途中でタンバリンを鳴らし、「大きな大きな音」と声をかける。動物歩きの子どもたちは逃げ惑う動作をする。慌てふためいている様子がはっきりとわかるような動作をする。私が「運動会が始まる合図の音でした。」というと、動物歩きの子どもたちは全身の緊張感を取り、笑顔のある動作に切り替える。その動作の切り替えを見ると、動物はとても表現しやすいと分かる。動物たちになった子どもたちの運動会の始まりだ。運動会の始まりは鬼ごっこ。
T「スローモーション鬼ごっこは、できるだけゆっくりと動きながら鬼ごっこ
　　をします。逃げる範囲は体育館の中央の線よりも手前側です。鬼になりたい
　　人はいますか」
　何人もの子が手を挙げる。ジャンケンをして鬼を決める。鬼が決まると動物歩きをしながら一斉に逃げる。スローモーションというルールを忘れて逃げてしまう。

スクラム

大河原南小学校
2年1組
平成25年1月30日
NO.142

体育「体ほぐしの運動」1回目（1月29日（火）3校時体育館）
　教室で1年間やってきたゲームを体育の「体ほぐしの運動」に取り入れた授業作りに挑戦しています。子どもたちがどのような動きをして、どのような気持ちを持ってくれるかを考えながらの授業です。

森の中の動物になって歩き回っている。象やキリン、うさぎ、さるなどになって楽しさや怒り、驚きを表現した。

二人組鬼ごっこ。二人で手をつないで鬼から逃げ、鬼になって追いかけている。

「4枚の写真」という表現ゲームをしている。

授業の最後は、振り返りカードに今日の授業の感想を書く。

　振り返りカードを読むと、「やる気が出てきた。」「またやりたい。」「友だちと仲良くできた。」「協力してやれた。」「○○君の動物歩きがおもしろかった。」等、友だちとの関わりを書いている子が多かった。友だちとの関わり方や自分の気持ちを見つめる「体ほぐしの運動」です。

学級通信「スクラム」No.142　2013年1月30日

T「スローモーションで逃げようね」
S「あっ、そうだった」
　動物歩きの子どもたちは、このスローモーション鬼ごっこを笑いながら逃げていた。鬼にタッチされそうになるとスローモーションからスピードが加速されることもあったが、楽しそうだった。
T「名前鬼ごっこは鬼に捕まりそうになると、他の人の名前を言います。言われた人が鬼になります。」
　普通の鬼ごっこは足の速い子が断然有利になるゲームだが、この「名前鬼ごっこ」は誰もが鬼になる。動物歩きで逃げる子どもたちは興奮状態で、鬼に捕まりそうになる子どもが友達の名前を言うが周りには聞こえない。子どもが言う名前を私が代わって大声で言う。
　動物の運動会は、その後「2人組鬼ごっこ」「ブラインドウォーク」を行う。子どもたちは本当に鬼ごっこが好きだ。興奮状態の授業になる。授業の最後は振り返りカードを書いた。

〈子どもたちのふり返りカードから〉
・動物歩きで友達とうまく関わることができた。
・スローモーション鬼ごっこが面白い。楽しい。
・全部のおにごっこが面白かった。
・友達とうまくかかわることができた。
・○○君は、僕のことをすごくわかってくれた。
・ブラインドウォークした時、目が見えない人のことを感じた。

「わかってくれた」という感想を嬉しく思う。友だちとの関わり方を学ぶことができていることを嬉しく思う。この「わかってくれた」は、インプロの「相手にいい時間を与える」という、インプロの本来のねらいにあたるものだ。子どもたちはインプロを通して大切なものを学んでいることが分かる。

■1月31日（木）子どもたちの声
　「先生、明日の体育は何をやるのですか？」
　「明日は体ほぐしの体育だよ」
　「やったあ」

「そんなにうれしいの？」
「だって楽しいの」
　その笑顔を見て、私は嬉しく思った。と同時に、楽しいだけではない子どもたちの意欲がみなぎるような授業に取り組みたいとも思う。明日の体育で子どもたちは、振り返りにどんなことを書いてくれるだろうか。

■2月1日（金）体ほぐしの運動2回目

〇準備運動
　・「ミラーゲーム」
　・「押しっこごっこ」
〇授業でのインプロやアクティビティ
　・ジャンピング・ハッ
　・二人組綱引き
　・架空長縄
　・架空バレーボール
　・ブラインドウォーク
　・二人組鬼ごっこ
　・4枚の写真
　・文字づくり

　授業の最後に振り返りを行う。
　子どもたちの感想では、「長縄」が楽しいという声が多かった。「長縄が見えた」と振り返りカードに書いた子もいた。また、「長縄が上手に跳べなかったけど楽しかった」と書いている子もいた。架空長縄という長縄がないのに「上手に跳べなかった」という。子どもたちは長縄が回るリズムにのることができなかったと感じた。長縄の縄はないけれど、「長縄が見えた」というように、縄がリズムや感覚のなかで生み出される。長縄がないことが長縄をより想像させる。子どもたちの創造力を駆り立てるおもしろさや楽しさがある。
　ピアジェの構成主義「自ら外の環境に働きかけ、自分のシェマを作り変えている」を参考に、今回の体ほぐしの運動で自分のシェマをつくり変えているのではないか。このことを高尾隆先生に聞いてみようと思う。子どもたちは表現

を自分でつくりながら学んでいた。

〈2月5日（火）高尾隆准教授からの返事〉

　高尾隆先生は大学院の私の担当教官でありインプロの実践家でもある。高尾先生に「縄が見えた」という子どもの言葉をアフォーダンスととらえてよいのか伺う。アフォーダンスは具体的な物と人間の関係性をいう。しかし、今回の「縄が見えた」という子どもの言葉は、架空の物と人の間にアフォーダンスのような現象が起こったことなのだ。架空の物なので、アフォーダンスとはいえない。「イマジネーションによって喚起されるリアリティ」と高尾隆先生に助言される。自分でも「アフォーダンス」について調べようと佐々木正人さんの『知覚はおわらない』と佐伯胖さんの『「学び」を問いつづけて』の本を読む。佐伯胖さんの本を読むと、竹内敏晴さんとの「木竜うるし」の教材分析でアフォーダンスの考え方が書かれている。この詳しい内容については、佐伯胖さんの別の本でも読んだことがあった。人と物や環境はお互いが影響を与え合っているというアフォーダンスの考え方は、参考になることが多い。では、今回のような子どもの想像の中で感じたことはどうなのであろうか。イメージする、感じる、リズムを共有するという言葉なのだろうが、このイメージを共有することが大事なことなのだ。生活の中で周りの人とのイメージを共有することに欠けている。そこから子どもたちの様々な問題が起こっているように思われる。今回の「イマジネーションによって喚起されるリアリティ」は、子どもたちが学びの中で育てていきたい力であると、私は考えている。イメージの共有は学習を行う上での土台となる。

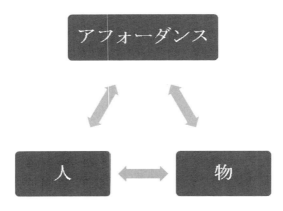

第2章　実践A―宮城での「体ほぐし」と「インプロ」

```
AとBが架空の縄を回す
　　　↓
Cが架空の縄が見えたと言う
　　　↓
架空の縄を回す子と跳ぶ子が共有する
```

「体ほぐしの運動」にインプロを入れ、子どもの躊躇する場面を意識的につくる。その躊躇が子どもたちに考えるきっかけをつくる。失敗することや躊躇することが子どもたちを成長させる。子どもたちの成長の一つは、失敗や躊躇するという経験によるものだ。

■2月7日（木）「体ほぐしの運動」3回目
　前回に引き続き「二人組綱引き」「架空長縄」を行う。とくに長縄での「縄が見える」という言葉を今回も子どもたちが言う。「縄が見える」というほど跳ぶタイミングが合っている。確かに縄が見えているようだった。
○授業でのインプロやアクティビティ
　・ジャンピングハッ
　・なまえハンドクラップ
　・二人組綱引き
　・長縄

■2月11日（月）「体ほぐしの運動」4回目
○授業でのインプロやアクティビティ
　・感情表現
　・ナイフとフォーク
　・4枚の写真（静止画）
　・文字づくり

　「静止画」は、あるものを写真のように静止して表現する。子どもたちには難

しい言葉なので「4枚の写真」と私は言っている。静止した表現を起承転結の4枚をつくり、1枚ごとに一言コメントを入れて表現する。この「静止画」は、授業の後半に行い授業で一番楽しかったインプロの動作を「4枚の写真」に表現して発表する。「人文字づくり」も授業で1番楽しかったインプロを「人文字づくり」する。4回目のこの日の授業は、話し合いから「4枚の写真」「人文字」をつくる作業中心になった。ものをつくるという知的な楽しさが加味されている。

■2月13日（水）「体ほぐしの運動」5回目
　体ほぐしの運動5回目を行う。子どもたちのグループを変え、4回目と同じインプロとアクティビティを行う。子どもたちは前回よりもイメージを持って動くようになる。逆にスムーズに進行し過ぎるように感じる。
○授業でのインプロやアクティビティ
　・感情表現
　・ナイフとフォーク
　・4枚の写真（静止画）
　・文字づくり

〈5回目の感想〉
・3はんのみんなとなかよくなれました。
・人文字をつくる時、みんなしんけんにしていた。
・たくさん考えて頭が痛くなりました。
・4枚の写真がおもしろくつくれたかな。

■2月14日（木）体ほぐしの運動6回目
　体ほぐしの運動6回目、今日は朝日新聞の取材が入る。私が行っているインプロの授業を見たいと連絡を受ける。朝日新聞社記者の宮坂麻子さんと報道局写真部の郭允さんが授業を取材に来られた。私はこれまで2年1組の子どもの言葉を拾い続けてきた。その子どもたちの言葉一つ一つが私に勇気や自信をつけてくれた。そして、子どもたちの体ほぐしの運動6回目が始まった。
　平成24年2月14日大河原南小学校「体ほぐしの運動」6回目の指導案を記す。

スクラム

大河原南小学校
2年1組
平成24年2月12日
NO.150

体ほぐしの運動

　体ほぐしの運動をやって、子どもたちに授業後の感想を書いてもらっています。体ほぐしの運動は、自分の体の動きを知ることや友だちとの関わりを深めることをねらいとしています。体ほぐしの運動を行うことで、子どもたちが仲良くなって楽しいなあと思ってくれるといいなあと思っています。

仲良し

- 3はんのみんなとなかよくなれました。
- ブラインドウォークした時、目が見えない人のことをかんじた。
- 今日は、文字づくりをいっしょうけんめいかんがえてくれたのがよかった。
- 漢字をつくる時、みんなしんけんにしていた。
- どうぶつ歩きが楽しいなあと思った。どうぶつあるきをまたやりたいなあ。
- 4枚の写真でおもしろく考えられたかなと思った。

　お休みがなく、お友だちと仲よくしていると嬉しいです。教室でも子どもたちにはそのような話をしています。「友達になるために」の歌の詞を読みながら一人一人の友達を大切にする話をしています。この体ほぐしの運動も友だちと仲よく関わるための運動です。子どもたちも楽しそうです。けっして一人ではできない運動をすることで、子どもたちはお互いに協力し、友だちの良いところを見るようにしています。友だちと協力してできるようになった時こそ、本当の楽しさが分かるように思います。

学級通信「スクラム」No.150　2013年2月12日

第2学年1組　体育科学習指導案

　　　　　　　　　　　日　時　：　2013年2月14日5校時
　　　　　　　　　　　場　所　：　体　育　館
　　　　　　　　　　　指導者　：　教諭　栗原　茂

単元名　体ほぐしの運動

「インプロやアクティビティを活用した体ほぐしの運動」

　物語で場面を進めながら、その物語に合わせて演劇教育のインプロやドラマ・アクティビティを活用する。演劇教育活動を通して、子ども自らが心とからだを主体的に動かすことをねらいとする。この演劇教育のインプロやドラマ・アクティビティは体ほぐしの運動の3観点「体への気づき」「体の調整」「仲間との交流」と共有する価値観を有しているものと、授業者は考える。この考えについては、授業者自身が大学院の修士論文でまとめている。修士論文でまとめている内容については、授業者の仮説である。しかし、現在演劇教育活動の実践を通じてその共有する価値観を証明している。

　現在の学級の子どもたちにとっての演劇教育のインプロやドラマ・アクティビティは、心を開放し意欲を高める働きをしている。このことは子どもたち自身の言葉に表れている。子どもたちの作文には、「レクが楽しくてやる気が出てくる」と書いている子が何人もいる。ただ楽しいだけではなく、「やる気が出てくる」というところに、授業者は注目をしている。子どもたちの「やる気が出てくる」という理由については、いくつか考えられる。

　・インプロは失敗が許されるということ
　・インプロは失敗を学ぶことができるということ
　・インプロは仲間意識を高めるということ
　・インプロは身体全身を使うということ
　・インプロは自分を見つめることができるということ
　・インプロは友達との関わりをつなげることができるということ

　授業のなかで容易に失敗が許されるという演劇教育のインプロは、学校教育に必要な活動ではないかと、授業者は考える。子どもたちは失敗を経験することで、失敗から多くのことを学ぶことができる。多くの学びとは、自分の心やからだを見つめることや友達とのかかわり方、失敗の仕方や成功の仕

方、そこでの心の変化などである。その学びは、子ども自らの主体的な心やからだを生み出す。なぜならば、子ども自らが主体的に心やからだを動かそうとする気持ちを持つからである。その主体的な心やからだが、子どもたちの「生きる力」につながるものだと、授業者は考える。このように、インプロは子どもたちが成長するための「生きる力」を保証すると授業者は考え、今回の授業に取り組んでいる。

　「インプロやアクティビティを活用した体ほぐしの運動」について
　私は長年体育の研究をしてきた。教師として一番うれしいことは、子どもたちが技をできるようになり喜ぶ姿だ。子どもが自信を持ち、その自信を持った子どもの姿を見て、私自身がうれしく思うからだ。また、技ができるようになる過程が大切だとも思っている。日本の子どもたちは、他国に比べて自己肯定感が低いというデータがある。不登校、いじめ、自殺等の問題は、自己肯定感の低さが原因の一つであると思われてならない。そのように考えていくと、体育で技ができるようになるということは、自己肯定感を育むうえで大事なことと言える。しかし、体育の技がどのような過程を通してできるようになったのかという、できるまでの過程はそれ以上に大事なことだとも思っている。
　私は自らの学び合いのなかから答えを見つけるというグループ学習が、子どもたちの自己肯定感をつくると考えている。グループ学習は、互恵的で協同的な学習を目指す学習形態である。グループ学習のなかで体育の技術面だけの話し合いではなく、子どもたちの心とからだを取り入れた演劇教育の融合を考えた。子どもの心は、どのような心の状態の時に自ら進んでやろうとする気持ちが生じるのであろうか。その一つの方法は、演劇教育を取り入れること。「体ほぐしの運動」のねらいである3観点「体への気づき」「体の調整」「仲間との交流」と演劇教育のねらいは共有する部分がある。体育教育と演劇教育を融合することが、子どもたちの意欲を高める1方法であると私は考えている。また、お互いが教え合おうとするグループ学習の話し合いや演劇ワークショップのファシリテーターというやり方も意欲を高めるためには効果的だと思われる。
　体ほぐしの運動に演劇教育のインプロやアクティビティを入れることで、子どもたちの意欲が向上するものとの思いで授業づくりをしている。

本時の学習過程「インプロやアクティビティを活用した体ほぐしの運動」【表】

段階(分)	主な学習活動	○教師の支援
はじめ 10	1 学習の流れ 　パネルシアター 2 準備運動 　・「ミラーゲーム」 　・「押しっこごっこ」	○視覚でイメージ作りできるように学習内容をパネルシアターで進める。 ○体操のポイントを確認させる。 ・ミラーゲーム・・・マイム的動き、中心軸の移し ・押しっこごっこ
なか 30	**森の中の動物たち** 3　「野生の王国」それぞれの動物のキャラクターを表現する。また、周りの動物と動作やアイコンタクトを意識して関わり自分の気持ちを相手に伝える。 **鉄砲の音** 4　鉄砲の音で、動物たちはいろいろな動きを表現する。怯えた動き、戦いを挑む動き、子どもを守る動き、逃げ惑う動き等、「感情表現」の声に反応して表現する **運動会** 5　鉄砲の音は、動物運動会開催を知らせる音である。動物たちも運動会に参加する。動物たちは参加する競技を表現する。 6　運動会の思い出を4コマの「静止画」にして遠くに住む祖父、祖母に送る。表現した静止画の1シーンごとにナレーションを付けて鑑賞できるように工夫する。 7　フィナーレは、楽しかった運動会の思い出を「身体を使った文字づくり」で表現する。	○ 動物を表現している子どもたちの思いを<u>インタビュー</u>する。 ○ 相手の気持ちを理解できるような声掛けをする。 ○ 鉄砲の音を出す。 ○「感情表現」二人組で行うよう声掛けする。 　怖い・怒り・戦いを表現するよう声掛けする。 ○「ナイフとフォーク」 　動物の親子・植物の大小・鉄砲と動物 ○「スローモーション鬼ごっこ」 ○「ワニさん鬼ごっこ」 ○「二人組鬼ごっこ」 ○「ブラインドウォーク」 ○「ジャンピング・ハッ」「なまえハンドクラップ」 ○「二人組綱引き」「四人組綱引き」 　「長縄」「架空バレーボール」・・声掛けを入れる。 ○アクティビティ「静止画」・・・ナレーション入り 　グループ4人で話し合い4コマの静止画を表現し、ナレーションを付ける。 ○文字づくりで運動会の思い出を表現することで子どもたち全員の関わりを再確認する。

準備運動は、「ミラーゲーム」「押しっこごっこ」を行う。「ミラーゲーム」は身体の軸移動を意識して行う。何故体の軸にこだわるかは、私の調べた「野口体操」「鴻上尚史」「成井豊」の実践している体操を調べた限りでは、体の軸を自分自身が知るということが大事だとされている。その考えに私も同感するからだ。教室で飼っているざりがにから「ざりがにミラーゲーム」を考えだし、それも行う。この「ミラーゲーム」は、からだだけではなく心もほぐすことができる。所々で笑いが起きるのは、心が開放されているからだと思う。その笑いは、決して馬鹿笑いではなく、「楽しいなあ」という子どもの言葉だと私は受け取っている。「押しっこごっこ」は、二人組で手のフェイントや押し合いで組んでいる相手を動かすというゲームだ。子どもたちは自分の相手を見ながら両手を出し押そうとする。相手の子はフェイントを使って、押そうとする子の両手をよける。何度となく繰り返し、どちらかが動いてしまう。子どもたちの顔を見ると本当に楽しそうだ。準備運動にいいのは、子どもたちの顔を見ていればよくわかる。

　準備運動が終わり、私の前に子どもたちを集める。決して大きな声を出すことなく話を始める。「陽もあまり当たらないほどの森の中で、動物たちは平和に暮らしていた。一人一人、どんな動物になろうかとイメージをしてごらんなさい」子どもたちはすぐにでも動きたいようだった。「ゆっくりゆっくり動物になって動こうね」と子どもたちに声をかけると、昨日よりもゆっくりと動物になって動こうとし始める。それぞれの動物になった子どもたちの動きを見ながら、インタビューをする。

T「どんな動物になったの？」
S「ライオン」
T「ライオンが何をしているところなの？」
S「ライオンがおなかを減らして他の動物を食べようとしているの」
T「大変だ。みんなライオンから逃げて」
　動物になった子どもたちの動きが大きくなり、あわてて逃げる様子がわかる。その中でゆっくりゆっくり動く動物がいた。
T「どんな動物になったの？」
S「かたつむり」
T「かたつむり……それでゆっくりゆっくり動いているのだね」
　タンバリンを叩く。何回も叩いて「鉄砲の音」と子どもたちに言う。慌てふ

ためく動物たちの動き。動物たちの動きが速くなり震えているようにも見えてきた。インプロ「感情表現」「ナイフとフォーク」を２人組で行う。「ナイフとフォーク」は、動物の親子や植物の大小などを表現する。

　２人でアイコンタクトして素早く表現する。Ｙ君がみんなの周りを動き回る。どうしたのかと声を掛けるが返事がない。１人でいる子に声をかけてＹ君と組ませる。「ナイフとフォーク」で植物の大小を表現したＹ君の２人組をいっぱい褒める。その後、Ｙ君はみんなの中に入って活動した。突然どうしたのか、授業後にＹ君に理由を聞こうと思う。

　前回行った動物たちの運動会が始まる。「その音は鉄砲ではなく、運動会の始まりの音だった。動物運動会を始めます」それまでの子どもたちの表情が一変した。

　「スローモーション鬼ごっこ」では、ゆっくりゆっくり動いて鬼ごっこが始まる。鬼に捕まりたくて鬼の周りにいた子たちも、今日はスローで必死に逃げている。捕まりそうになると、素早い動きになる。タイミングを見て「ワニさん鬼ごっこ」に入る。この「ワニさん鬼ごっこ」は、マット運動の動物歩きで行ったことがある。子どもたちは楽しそうだったので、今回授業に入れてみた。見ていると必死に逃げて楽しんでいるが、体育館の半分のエリアで授業を行っているので、全員が鬼になるのにそれほど時間はかからない。

　「２人組鬼ごっこ」は、インプロ独特の鬼ごっこだ。普通は１人鬼だが、この「２人組鬼ごっこ」は、鬼も逃げる方も２人組で手をつなぐ。１人では抵抗があっても２人でやればその抵抗は薄れる。２人でやることで気持ちに余裕が出ることと周りの人との関係を保ちやすくするのだろうと考えられる。子どもたちの様子を見ていても、アイコンタクトをとっている子、話し合っている子も見られる。楽しさが倍増する「２人組鬼ごっこ」だ。

次に「ブラインドウォーク」を入れた。２人組になって鬼ごっこをした関係をさらに深めるために、「ブラインドウォーク」を入れてみた。この「ブラインドウォーク」は、１人が目を閉じ、もう１人が声をかけて進行方向のガイドをする。私も男の子と組んで「ブラインドウォーク」を行う。私のペアはあすなろ学級のＭ君、「右に曲がってください」「止まってください」「左にまだってください」言葉通りに進むＭ君をほめると当然という顔をして得意そうだった。

「ジャンピングハッ」「なまえハンドクラップ」は、子どもたちが大好きなインプロだ。この日も得意になってやっていた。「ジャンピングハッ」はいろんな子

第2章　実践A─宮城での「体ほぐし」と「インプロ」

2人組で架空綱引き

架空大縄を跳ぶ

と手を合わせることができるので、子どもにとっては嬉しくなるインプロだ。「なまえハンドクラップ」は、子どもたち全員が大きな輪を作り、手、膝打ちをしてから自分の名前、友達の名前を言う。言われた子は、同じように自分の名前と友達の名前を言う。速いスピードできないが、続けることができた。

この後はアクティビティが続いた。「綱引き」「長縄」「バレーボール」いずれも架空表現だ。「綱引き」は、2人組、4人組、全員という順番で行った。全員綱引きはこの日が初めてだったので、子どもたちは混乱していた。即興にどう対処するか、子どもたちの対応を見たかった。「次は全員での綱引き。1、2、3班対4、5班でやりましょう。」子どもたちは「どうして？」という顔をした。私の話を聞いていた学級のリーダー的な子が数名、他の子たちに声をかけて先導した。そして、全員の綱引きになった。2年生なので押す子と押される子がバラバラになっていた。

「長縄」は、縄がないのに回すタイミングをじっと見て何回も首を上下して跳ぶ子が何人もいた。この子にとっては縄が見えるのかもしれないと、私はその子の跳ぶ様子を見て思った。縄がないけれど、跳ぶタイミングをどの子もとっていた。頭の中に画を描いてタイミングをとって跳んでいるようだ。イメージの共有は、縄がないことでよりできるのではないかと感じた。インプロは、イメージを心やからだに刻み込んでいく。イメージを持つことで、やってみようとする気持ちが心やからだ全体に広がるようになる。「長縄」でいえば、「架空長縄」を試みることで、そのイメージを共有することで実際の長縄を試みようとするのではないか。次の「架空バレーボール」は、小学校2年生でやったこともないバレーボールを入れるのはどうなのかとも思ったが、実際にやったこともないバレーボールを架空の中でどのように表現するかを見たかった。私が大きなジェスチャーでやると、それをまねして子どもたちもからだ全体を動かした。「パスが行く」「サーブ入れるよ」「レシーブして」声を出し、相手とからだ全身でコミュニケーションをとる。

　「静止画」、この言葉は難しいので、「4コマ画像」と私は子どもたちに言っている。この「4コマ画像」は、今日の動物運動会で行った種目の中で一番おもしろかったものを4枚の写真として撮り、遠くに住むおじいさん、おばあさんに送ろうという設定にした。子どもたちは話し合い「4コマ画像」をつくる。早い班は素早く話し合い、その場ですぐさま表現をしていた。話し合いや創造性が求められる種目であるが、子どもたちはこの「4コマ画像」が好きなようだ。自分たちでつくり出すという作業が楽しいのだろう。1人1言のナレーションを入れた「4コマ画像」の発表をする。「やってくれる班はありますか？」と聞くと、素早く全員の班が手を挙げた。次に「文字づくり」を行った。文字づくりは「4コマ画像」同様に、今日の種目の中で、1番楽しかった種目の初めの文字をグループ4人の身体で表現する。5班とも体育館の床に寝そべって表現をした。立っての文字作りは、難しいのかもしれない。最後に振り返りカードを渡して、班に分かれ振り返りカードに今日感じたことを書いた。

　子どもたちが今日の授業をどのように感じたかを、振り返りカードから記す。
・二人組綱引きをもっとしたいなあと思った。長縄ももっとしたかった。
・先生が教えてくれたゲームがすごくおもしろかったです。先生、ありがとうございます。心からかんしゃです。

第2章 実践A―宮城での「体ほぐし」と「インプロ」

「4」という文字を作る

振り返りカードを書く

- 長縄の縄が想像できてよかった。
- 大人になったなあと思った。
- Oさんが「これは……」「じゃあ、こんなのは……」といっぱいかんがえてくれたのが、すばらしかった。
- H君がかんがえてくれたり笑わせてくれたのが良かった。
- 「ジャンピング・ハッ」でいろいろな人とやれてよかった。
- Oさんと動物歩きで親子の時にしゃべらなくても通じ合うことができた。
- すごくわらっていたからよかった。
- 「スローモーション鬼ごっこ」がとても楽しかった。また、やりたい。

　子どもたちの感想で多いのは、「楽しい」「友達と一緒でうまくできた」「すごくわらった」「考えを出すのに頭を使った」という言葉だった。「しゃべらなくても通じ合えた」と書いた子もいた。気持ちが通じ合うという感想には感心した。インプロを体育の授業に取り入れることの楽しさや意義を見出すことができたと思う。そして、課題を見付けることもできた。体育とインプロの境目は、体育は「体ほぐしの運動」以外は、技の完成度を目指すが、インプロは学び手の気持ちをつくり出す。やろうとするときのイメージづくりや自分を信じる気

持ちを育てることに焦点を当てることがインプロだ。体ほぐしのような心とからだを見つめ直し、友達と共有することも大切なことの一つなのだ。インプロは子どもたちの心とからだを開放し、やろうとする意欲を心に蓄える気持ちづくりをすることが、今回の授業でできた。

朝日新聞に載った記事（2013年3月14日）

　子ども同士が学び合い、技を習得する過程を楽しみ、自信をつける方法がないかと、大学院に入って研究したのがこの演劇教育の「インプロ」です。（途中省略）ねらいは、技よりも「心とからだの対話」「仲間との一体感」です。最近は運動も塾で学び、友達とからだを動かす経験が少ない。宮城でもそうした状況があるように感じます。学校生活のなかで友達同士の学び合いを経験し、「心とからだ」を育ててほしいと思っています。

演劇と体ほぐしの運動の共有

体ほぐしの運動

- 体への気付き
- 体の調整
- 仲間との交流

子どもの問題
　・やる気の薄さ
　・宙ぶらりん状態

演劇

- 平田オリザ　　コミュニケーション
- 鴻上尚史　　　正しい体
- 成井豊　　　　感情解放

- 自分の経験

生きる力 ← **ワークショップ**
　　　　　　　　・参加・体験・グループ

子どもの**やる気**をどう引き出すか

「からだでわかる」
- 美しさやリズム
- 先見性
- 心する・気を配る

共有する価値観とは何か
- 自分自身の「こころとからだ」と対話し、把握・内省・統制し、自分の「こころとからだ」をコントロールできる。
- 「心とからだの一体化」と「互恵的な協同学習」
- 関係論的視点

根底にある考え

佐藤学	協同的な学び・互恵的な学び
佐伯胖	文化的実践・関係論的視点・体育の「からだを開く」
久保健	文化としてのからだ
ヴィゴツキー	発達の最近接領域

スクラム

大河原南小学校
2年1組
平成24年3月12日
NO.167

体育「チャレンジインプロ体育」

　初めて大河原南小学校の校庭を見たときにやろうと思った授業です。「チャレンジインプロ体育」です。子どもたちはグループで10ある課題にチャレンジします。宝探しのように課題を探しながら、見つけた課題にチャレンジします。その課題チャレンジを通して子どもたち同士の協力や人間関係を深めていきます。子どもたちに感想を聞くと、「冒険しているみたいでおもしろい」そうです。課題については、これまでに体育で行ったものを中心に考えてみました。子どもたちにとっては、冒険の世界へ出発しているような気分だと、見ている私には感じます。

体育館編

　跳び箱、マット、ドリブル、エバーマットへの跳び下り、登ってタッチ、4枚の写真、持久走等の種目を行う。

校庭編

　山登り、平均台、雲梯、鉄棒、ジャングルジムで逆上がり、外周、イルカの調教、ワンワードなどを行う。

学級通信「スクラム」No.167　2013年3月12日

（6）宮城での生活 2013年3月

　私は1年間の宮城派遣期間中に数回被災地を訪れた。被災地を訪れるたびに自分のできることを再確認した。被災地の方たちや一緒に派遣された先生方、体育研究団体の方たちからも被災の話を聞くことができた。被災した人や地域に対してやらなければならないことはたくさんあり、課題は尽きることがない。そのなかで、私は自分のできることを精一杯やらなければならないと被災地を訪れるたびに思った。

■3月19日（火）卒業式
　6年生の卒業式に全校児童が参加する。もちろん、私が担任する2年生も参加した。2年生で卒業式の約2時間を我慢するのはなかなか大変であったが、子どもたちはよく頑張って参加していた。今日の卒業生の言葉や歌は、2年生の子どもたちの心に届いたのではないかと思う。こうした卒業生の心が伝わっていくことが、学校の財産になる。卒業生が涙を流して校門を去る姿を涙を流しながら在校生全員で見送った。学校とはこうあるべきだという姿をこの1年、私は見続けてきた。この日の卒業式も温かい卒業式だった。卒業生の心が在校生に伝わる素晴らしい卒業式だった。

■3月20日（水）福島県相馬市に行く
　大河原駅から東北本線で岩沼駅、そこから阿武隈線に乗り換えて亘理駅まで行く。その先に行くのに代行バスが接続されていた。その代行バスで相馬駅まで行く。バスの中から見る景色は日本の原風景のようだった。バスが通っているのは海岸沿いではないので、災害状況もほとんど見えない。畑があり店があり住宅地がありという日本の原風景だった。相馬駅周辺は私が思っていたよりも大きかった。あの原発で住民が避難された場所からは20キロ離れている。除染作業は進められているのだろうか。鉄道は亘理の次の駅まで来ているが、そこから相馬駅まではまだ通ってはいない。復興には程遠い状況であることは、この鉄道を見てもわかる。生活をしている住民たちはどのような気持でいるのだろうか。相馬駅周辺を歩き回る。震災などないかのように見えるが、電車が一部しか通っていないという現実は、そこに住んでいる住民にとっては大変不便なことであり、生活面で大きな問題ともなる。

■ 3月21日（木）大お楽しみ会
　先週のお楽しみ会に続いて、今週は大お楽しみ会を行う。今日はその大お楽しみ会の日だ。子どもたちはこの3学期、ほとんど休むことなく登校した。よく頑張った1年間だったと思う。担任の私も子どもたちもよく頑張った。そのための大お楽しみ会だ。子どもたちはとっても元気だ。
　　・なんでもバスケット
　　・縄跳び
　　・かくれんぼ
　　・ドッジボール
　時間が余ったので「クマが出た」「磁石隠し」「だるまさんがころんだ」を行う。この1年間、インプロやアクティビティ、ゲームをほとんど毎日行う。そして、子どもたちは今日みたいにどんどん楽しんじゃおうという気持ちになった。おとなしいO君がお楽しみ会の司会に立候補した。うれしいなあ。毎日このようなインプロなどをやることで、コミュニケーションが育ち、心も体も成長して「いじめ」はなくなるはずだと考えていた。しかし、そうではなかった。子どもたちは喧嘩もするしいたずらもする。でも、それでいいのではないかと思う。そうやって子どもたちは子ども時代に経験せねばならないことを経験して成長する。今日の子どもたちの顔を見れば、それで十分に充実していた1年間だったと思えた。明日でこの20人の子どもたちとの授業は終わる。いい子たちだったと思う。素直で明るい、わがままなとこもあるけど優しい子たちだった。そんな子どもたちのすべてを私は大好きだった。

■ 3月24日（日）この1年を振り返る
　2年1組の子どもたちは、「面白い」「楽しく、勉強が分かりやすい」、「真剣に教えてくれた」と、私のことを書いてくれた。間違いなくこの1年、自分としては真剣に子どもたちと向き合った。朝、7時40分から補習、放課後も補習を行った。授業では毎日教材研究した。どうしたら子どもたちの学力が身に付くのかを懸命に考え授業づくりをした1年だった。体ほぐしの運動にインプロを入れた授業や体育のチャレンジ運動にインプロを入れた授業づくりも行った。私のそんな姿を見て、子どもたちや先生方も協力してくれたのではないか。子どもの成長を願うことが教育であるということを再認識することができた1年間

でもあった。職場の先生方からのメッセージには、研究授業や研修会で行った体育のことが書いてあった。この学校は今年から体育の研究をしていた。私は体育の研究授業を見て戴き、体育の授業でグループ学習のことや子どもたちにどのようにして意欲を引き出させるか、技の系統性やスモールステップ、場の設定、技自体のコツについて話をした。それだけでも足りないために体育の研修会を2回行わせていただいた。この様な体育の授業や研修会を行ううちに、何故私がこの学校に派遣されたのかを理解することができた。私は被災地を希望したが叶わなかった。しかし、この学校に派遣され体育の研究に少しでも協力することができてよかったと思っている。伊藤教頭は、「栗原さんの授業はいいなあ。見事でした」。若い先生は「教師になって今までの中で1番の授業でした」と言ってくれた。学校の体育の研究に協力でき、東京から派遣されてきて貢献できたことを嬉しく思った。私自身至らない面が多分にあると思うので、宮城の子どもたちや先生方、保護者、地域の方々のおかげだと思っている。ありがとうございますと感謝の気持ちでいっぱいだった。

○同僚の先生方の言葉
・栗原先生が来てくれて体育の考え方が変わった。体育というと運動量と思っていたが、もっと子どもに考えさせる体育、体育を通して国語や算数もできるようになる教科としての体育ということが分かりました。
・研究について大きな力をいただいた。ありがたかったです。来年も連絡をするので来てください。
・栗原先生の体育の授業を子どもたちは大好きです。
・朝早くから帰りは遅くまで、子どもたちが登校するのを迎えて子どもと一緒に生活を続けた先生でした。

■3月26日（火）感謝状をいただく

平成24年度自治法派遣教員への感謝状伝達式があった。私たち柴田郡に派遣された教員4人が出席して感謝状伝達式が行われた。久しぶりに会った4人で話をした。この日で事務的には宮城県の仕事は終わった。ただ、実質は

29日に離任式がある。離任式が終了後に宮城での勤務も終了となる。心からさみしいなあという思いが募った。私は感謝状をもらい、少しでも宮城のためになったのならうれしい。

　伝達式後、亘理に向かった。亘理には6月に行った。その後の亘理の海岸周辺はどのような様変わりをしているのかを、この目で再度見たかった。亘理の海岸周辺は6月に比べてダンプカーが行き来し、新築の家が建ち、工事があちこちでされていた。にぎわっているのは震災復興に向かっているものと思うので、何か嬉しくなる。少しずつでも復興に向けて動き出していることが分かる。6月から9か月たちこのようににぎわっていることを見て、これから2年後5年後、そして10年後どのようになっているのかを想像する。新聞を読むと復興は進んでいないという見出しがほとんどだ。それも事実なのだろう。現地に住んでいる人たちにとっては切実な問題なのだ。着実な復興を望む。また、少しでも力になれればとも思う。

■3月27日（水）大河原役場で教育長へのあいさつ
　昨日は県合同庁舎、今日は大河原町役場での教育長からの辞令をいただく。辞令は宮城県での教員終了という辞令だ。辞令をもらいながらさみしさが込み上げてきた。白石川、蔵王、子どもたち、先生方、一緒に行った佐藤勝彦校長にお礼を言う。佐藤勝彦校長はこの1年、いつも年上の私を見守ってくれていた。見えないところでお世話になっていた。そういう佐藤勝彦校長に出会えて幸せだった。

　大震災の本『東日本大震災　教職員が語る　子ども・いのち・未来』が職員室に回ってきた。それをK先生がプレゼントしてくれた。その本には、学校体育研究同志会会員の名前が数多く載っていた。私は直接その先生方たちから話を聞いていた。「学校の周りすべてが海に！」「学校と地域がつながることの大切さ」「学校を地域と人間の再興の場に」など、この本を読んでいくうちに多くの思いが募った。私の知っている宮城の先生方は、この本に出てくるような力強さと誇りをもって教師をしている。この力強さはどこから生まれるのであろうか。地域のなかに根づいた大地のような力強さであり、学校を立て直してみせるという覚悟の力強さである。エールを送るというよりも共につくりあげていくという気持ちでいっぱいになった。

　『記憶』という本は、経済新聞社が仙台のメディアテークで写真展を行った時

に購入した本だ。大震災があり、アメリカからの留学生たちは本土に帰国した。そのなかで、この写真のマーティさんは宮城に留まりボランティア活動を続けている（平成13年3月現在）。この記事を見たときに素直に感動をした。「ひとりだけ逃げるなんてありえない」というマーティさんの芯の強さに感心した。謙虚に、謙虚に、しかし力強く人のために活動をしたいと、記事を見ながら思った。この1年間、私を支えてくれたのはこのような社会のために、人のために行動する人たちだった。宮城に来て宮城の方々の力強さや協力する姿をたくさん目に焼きつけることができた。これからも社会のために行動する人から学び、社会のために少しでも役立ちたいと思う。

■ 3月29日（金）離任式
　東京の離任式は4月に入ってからだが、宮城の離任式は3月末に行う。その離任式が今日だ。離任式で子どもたちから花束と手紙をもらった。子どもを見ると涙が出そうになった。泣いている子もいた。自分がこの1年どれだけのことができたのだろうかといつも学期終わりに思う。子どもたちの成長のための力になれれば、そして、宮城のためになればと思う。離任式が終わり、退場する時に子どもたち一人ひとりに声をかけた。「3年生になってもがんばれ！」。みんな素直ないい子たちだった。保護者の方々も来てくれていた。「先生、お元気で」と声をかけられた。ありがたいことです。職員室に戻り手紙を読む。ありがたい気持ちでいっぱいだ。今度はいつ大河原南小学校を訪れるのだろうか。もがり祭にも来たい。卒業式にも来たい。先生方に別れのあいさつをして、たくさんの思い出を心に持って大河原南小学校を後にした。この日も蔵王の山並は輝いていた。
　東京都の宮城派遣教員として私ができたことは、責任を持って一生懸命に生きることだったように思う。私は、東京の教育との違いに戸惑っていた。そんな私を先生方や子どもたちが私にたくさんのことを教えてくれた。地域のなかの温かい学校だった。子どもたちは素直で元気、大きな声であいさつをしてくれた。歌声がとても心に響いた。一つひとつのことが映像のように頭に浮かんだ。派遣教員としての宮城での1年間は、一生懸命に生きるということを子どもたちに伝え合うことができた。私の宮城での1年間は、感謝と一生懸命に生きるということを学んだ1年間だった。

◯インプロ：実践について

　「本当に笑顔が多くなったね」「よく遊ぶようになった」「友達に話しかけていて、積極的になったなあと思った」職員室の先生方に子どもたちの様子を聞かされる。子どもたちは本来持っている「遊びたい」「友達と仲よくしたい」「楽しみたい」という気持ちが自然に出せるようになった。インプロをやってみんなで毎日楽しんで、毎日友達とかかわってきた中で培われた自分の気持ちや思いを表現することができるようになった。

　インプロを行うことで、子どもたちは友達と関わり合いながら遊ぶようになった。遊ぶことが苦手だった子が、喜んで友達と遊ぶようになった。子どもたちの楽しそうな顔を見るとインプロの授業づくりに取り組んでよかったと思う。インプロは子どもの心とからだを開放させる。心とからだを開放させて遊びというものを楽しむ。遊びの中からコミュニケーションや社会のルール、助け合いや友だちの優しさを知る、そんなインプロ実践の１年間だったように思う。
インプロの授業では動作化を行うことで、日常生活に活かせる授業内容づくりへと発展させることができた。「ワンワード」からの物語づくりや体育の「体ほぐしの運動」へインプロを入れることで、子どもたちの空間の想像性から創造性への表現づくりを行うことができた。インプロを授業づくりすることは、私のこれからの課題にもなった。

　インプロは本来子どもが持っている「遊びたい」「友達と仲よくしたい」「楽しみたい」心を掘り起こしてくれた。同時に私の子どもへの思い、「友達と共に大いに遊び、大いに学ぶ」気持ちを掘り起こしてくれた。宮城でインプロを行ってよかった。この子たちと出会ってよかった。私は子どもたちとインプロを通して学び合うことができたと思っている。

3 インプロと大人の学び

「相手にいい時間を与える」「失敗してもいいんだ」という
インプロの考え方を、子どもたちだけでなく
多くの教師に伝えたい。
教師を対象に行ったインプロ講座の記録。

（1）インプロ演劇教育講座1 (2013年(平成25)7月27・28日)

　宮城での1年間の実践を終え東京に戻ったばかりの2013年4月、宮城の先生から夏の教育講座を依頼される。3月3日の朝日新聞に掲載されたインプロの記事を見て声をかけてくれたのだ。声をかけてくれた方も宮城県の体育研究同志会の知り合いということもあり引き受けた。ただ私の行うインプロは、「心とからだ」を耕す体育であることをあらかじめ伝えた。

　2013年7月27日、28日、宮城県の民間教育団体の「体ほぐしと表現の運動」の講座を受け持つ。その「体ほぐしの運動」のなかでインプロを行う。受講生は宮城の先生方。インプロやアクティビティがどのように受け取られるのか。授業での子どもたちと先生方との相違はあるのだろうか。大人対象で行うことに私自身楽しみだった。

　参加者は、大人17人＋子ども10人。インプロ、アクティビティの実技と理論を行う。

　1日目は、先生方15人と体ほぐしの運動を行う。途中、インプロやアクティビティを入れる。初めにおしっこごっこ、ミラーゲームを行う。反応が非常によく、参加者は思っていた以上にゲームに熱中してくれる。参加者のやる気が伝わってくる。大人なのでからだの硬さが目につく。ゴムダンス、ねこちゃん体操、ねことねずみなどのゲームを行う。ゲーム後、ねらいを話す。先生方は熱心に記録を取る。

● 1日目のインプロ、アクティビティ、ゲーム

・自己紹介ゲーム	・ミラーゲーム
・おしっこごっこ	・二人組バランス
・魔法の新聞紙	・ワンワード
・ブラインドウォーク	・スローモーション鬼ごっこ
・ワニさん鬼ごっこ	・二人組鬼ごっこ

「おしっこごっこ」2人組で押す、引く、フェイントで相手の足を動かし合う

「ミラーゲーム」相手の動きに合わせて鏡のように動く

体ほぐしの運動「ゴムダンス」

・イルカの調教	・架空二人組綱引き
・架空長縄	・4枚の画像
・震源地	・爆弾ゲーム
・猫とネズミ	・子取り鬼ごっこ
・フルーツバスケット	・関所破り
・ゴムダンス	・仲良しゲーム（猛獣狩りに行こうよ）

　2日目は、先生方17人と途中で子ども10人が参加する。子どもが参加すると、それまでの様子に変化が起きる。子どもの全身で参加する気持ちが全体の雰囲気を変える。騒がしくなるが非常に盛り上がる。子どもがもつ力はその場の雰囲気だけではなく、大人の動きも変える。

● 2日目のインプロ、アクティビティ、ゲーム

・ミラーゲーム	・おしっこごっこ
・感情表現	・ナイフとフォーク
・スローモーション鬼ごっこ	・ワニさん鬼ごっこ
・ブラインドウォーク	・ジャンピング・ハッ
・名前ハンドクラップ	・二人組綱引き
・四人組綱引き	・架空長縄
・架空バレーボール	・4枚の画像
・文字づくり	

　先生方はゲームの理解力が思った以上に早く、無駄なく楽しむ。からだの使い方も上手でバランスも思った以上に非常に良かった。学ぼうという姿勢がとてもあり、私に協力してゲームを楽しもうとしていることが伝わる。ゲームを進める私は非常にやりやすい雰囲気のなかで行うことができた。インプロの「4枚の写真」「文字づくり」「ワンワード」は、グループで話し合って作品を素早くつくっていた。途中参加の子どもたちが加わると、グループの雰囲気が変わる。先生たちの動きがそれまでの動きから落ち着いた動き、動きが少なくなる。子どもたちの積極的な動きと対照的になる。子どもたちの動きを見守るという無意識な気持ちが出てきていた。

子どもと大人のグループでの話し合い

● 担当者の感想
　栗原先生をお招きし、参加者17名と子ども学校のみなさん（2日目のみ）で、体全体を使って表現・体ほぐしの運動に取り組んだ。ペアやグループで

動きを考えて、互いに見せ合った。発表場面では「なるほど」「おもしろい」と、よい表現に歓声があがった。

栗原先生が紹介された、演劇の要素を採り入れた遊び「インプロ」にも挑戦した。場面を即興的に演じる「インプロ」は、国語にも活用できる。これらの活動を通して、「表現すること」「友達の表現を受け取り、理解すること」をどのように指導していくかアイディアを得た。さらに、創意工夫と実践を繰り返し、子どもたちの心とからだの成長に活かしていきたい。

●**参加者の感想**

体育で行われる「表現」という枠組みだけではなく、レクリエーションの要素も含んだ活動であった。

互いの動きや呼吸に合わせながら体を動かしていくことにより、集団としての高まりも期待でき、学級づくりにつながる取り組みであるようにも感じた。「表現」する、といったときに、何をどのようにしてよいのか分からず、教師も子どもも体を固くしてしまうことがある。結果として、音楽に合わせて動きましょうとか、○○のまねをしてみましょうという動きに反応することが難しくなり、「表現」することから遠ざかってしまっている様子も見られる。

今回の講座に参加して、このような難しさを打破するための取り組みを数多く体験することができた。楽しく自由に体を動かすことの心地よさを子どもたちにも感じさせていきたいと思った。

今回の講座では、私が「体ほぐしの運動」で行うインプロやアクティビティの実技と理論を中心に行った。子どもたちと行う体育同様、講座もグループ学習で進めた。学校体育研究同志会で行う「ねこちゃん体操」や、学習会で学んだ「ゴムダンス」なども先生方の様子を見ながら入れた。

さらに先生方にはハードルを上げて、グループでのゲームの創作を課題にした。先生も子どもも教えられたことを基にしてつくるという作業をしてほしいとの思いからだ。やってみると、グループで話し合いをするが、なかなか創作することはできない。4グループ中、ひとつのグループが創作したゲームつくる。全員の前で創作したゲームを紹介してもらった。「ねことねずみ」のゲームを改良し、ねことねずみという2つの関係をジャンケンのような3つの関係に

するというゲームだった。「グー」といえばグーが追いかけチョキが逃げる。「チョキ」といえばチョキが追いかけパーが逃げる。「パー」といえばパーが追いかけグーが逃げる。内容を高めたゲームづくりをしてくれた。

　インプロやアクティビティを体験するだけではなく、体験したことを通して創作していく。どのような工夫をすれば、全員が協力して楽しむことができるか。学習の力をつけることができるか。グループで話し合い、からだを通して確かめていく。このようなプロセスは、学び方を学ぶことである。

　「高学年の子どもたちが授業にのってこない。冷めた目で見ている。どうすればいいか教えてください」と質問された。先生方の悩みは共有できる。私も同じような悩みはいくらでもある。「私は子どもたちのなかに入って一緒に活動します」と答えた。それがアドバイスになるかどうかは分からないが、子どもと一緒に活動を共有することで生まれてくれものはあるのではないか。インプロも子どもとの関係を橋渡ししてくれるのではないだろうか。子どもと一緒にインプロを楽しんでほしいとも思う。

　宮城まで呼んでいただき、ありがたく思った。参加した先生方には、今回の講座で行ったインプロやアクティビティの授業を行ってほしい。そして、学校は間違ってもよい場所であり、お互いがいい時間を相手に与える場所でもあることを大切にしてほしい。そのための私の講座だった。

第3章　インプロと大人の学び

(2) インプロ演劇教育講座2 (2013年(平成25)8月22日)

　所属する学校体育研究同志会東京支部大会の特別講座で講師となる。相手にいい時間を与えるというインプロ実技を行い、考えを伝える。また、宮城県での1年間の教師生活と授業報告をした。この日も受講生は先生方。

●実技をしたインプロ

・ミラーゲーム	・押しっこゲーム
・フォークとナイフ	・ワンワード
・イルカの調教	・架空綱引き
・架空大縄	・4コマ画像（4枚の写真）
・文字づくり	

インプロのゲームを通して、インプロの考え方を伝える。

森のなかで動物になって動き回る

架空縄跳びで縄を跳ぶ

インプロの説明をする

●受講者の感想
・自分で考え、動きをつくっていく楽しみや仲間と共に１つのものをつくっていく楽しみを味わうことは、とても大切なことだと考え直すことができました。
・相手に良い時間を与えるインプロ、大変勉強になりました。
・インプロの考え方、心を解放させること、失敗してもいいんだよということ、相手に良い時間を与えるということ、すべて大事だと思いました。人の気持ちを考えることのできる温かい子どもを育てていきたいです。
・インプロの表現活動がとても面白かったです。子どもたちに実践していきたいです。
・子どもたちと一からものをつくっていくという取り組みに共感することができました。
・体ほぐしの運動と演劇教育の共通しているところが知れてよかったです。うまく活用してみようと思います。宮城県での栗原さんの実践もよかったです。
・私の地元は被災地です。どうにかして心をほぐしたいと考えていましたが、一つの答えを見つけたような気持ちになりました。

　講座の最後に、参加者からこれまでの体育との違いや特別活動で行うゲームとの違いを質問された。
　一般的なゲームと何が違うのか？　ゲームの種類にもよるが、インプロにはものをつくるという要素とものを創造する要素が含まれていると、私は感じている。インプロをやりながら頭を使い果たすことがとても多い。
　これまでの体育との違いについても、体育というとからだを鍛えるという「体つくり運動」のようなトレーニングやエクササイズを思い浮かべる。一方、「体ほぐしの運動」のような考えは体育のなかでは主流ではないと、私は思っている。インプロを取り入れてはいるが、「体ほぐしの運動」のねらいに基づいた授業づくりをしている。
　参加者の感想を上に記したが、私が大切にしたいことは、自分や友達の「心とからだ」を見つめ、「心とからだ」を調整することであり、友達と交流することである。
　（この特別講座は2015年まで3年間続き、毎年参加された方もいた。）

（3）インプロ演劇教育講座3 (2013年(平成25)10月22日)

　学習会：演劇を考えるワークショップ
　校内の先生方を対象にした講座を行う。学芸会があるため、演劇の講座を担当する。先生方に演劇の基本を伝えることを試みる。学芸会に役立ててもらう内容にする。

○ゲームをする……イメージの共有
　・ミラーゲーム　　　　・押しっこごっこ
　・ナイフとフォーク　　・仲間集め

○身体でつくる……動作化の共有
　・イルカの調教　　　　・人文字
　・4コマ画像　　　　　・スローモーション

○言葉でつくる……言葉の共有
　・ワンワードからの動作化
　・しりとりジェスチャー
　・何やってんの

○劇をつくる……総合的な共有
　・5年生の劇『あの日、青空に虹を見た』から

・イメージの共有……状況の理解
・動作化の共有……動きをつくる必然性の理解
・言葉の共有……誰に何のために、そのための声の大小、抑揚、視線
・自分、周囲の出演者、観客の共有……想像力と創造力発揮する。

ミラーゲーム

人文字づくり「S」をつくる

　実技は、5年生が学芸会で行う脚本から抜粋した。どうやって演技をするか考えてもらう。からだを実際に動かしてグループで考える。からだを動かすことでそれまで頭のなかでイメージしていたことが、お互いに違うことに気がつく。そのイメージの違いを話し合いによって共有していく作業を行う。先生方は必死に考え、役割分担して劇を演じた。感想を聞くと、ほとんどの先生が難しいと答えた。

　脚本にある舞台上でサッカー対決をするシーンをどう作るのかが大きな課題であった。舞台上でただ動き回るのではなく、言葉から動きをつくるという創造力を発揮する講座だった。

脚本を読みながら役決めをする

舞台で動作化する

(4) インプロ演劇教育講座4 （2016年（平成28）8月7日）

　所属する獲得型研究会夏のセミナーで「初級 学びへのウォーミングアップ」のファシリテーターとなる。
　獲得型研究会では、ウォーミングアップとは学習者が居心地の良さを感じつつ「思いを声に出す勇気、動き出せる身体」を形成できるようにするための活動であると位置づけている。教師は、生徒がともに学ぶ仲間としての関係を築き、自発性・自主性を基盤として活動できるように援助することを目的としてウォーミングアップを導入し、そのツールとしてウォーミングアップの技法を活用する。

●実技をしたインプロやアクティビティ

「出会いと交流を楽しもう」	・あっちこっち	・ウォークであいさつ
「協力と集中を楽しもう」	・ミラーゲーム	・バランスゲーム
	・ナイフとフォーク	・アクション回し
「躍動と創造を楽しもう」	・彫刻リレー	・サポート彫刻
「ファシリテーターになろう」	・各グループでその日に行ったゲームを工夫・創作する。	

　今回は事前の話し合いで「振り返りの時間を多くとる」「アクティビティの数は多くならないように」「参加者にもファシリテーターを体験してもらう方法もある」という意見をいただいた。それぞれの意見を活かしたワークショップにしようと試みた。サブファシリテーターに渡辺貴裕さん（東京学芸大学准教授）が付いてくれて、振り返りの話し合いを担当してくれた。
　「ゲームをしてどんなことを感じたか」「どんなところがよかったか」「授業でどう活かすか」
　渡辺さんが、参加者が話しやすい問いを発してくれたので、意見が次々に出ていた。ゲーム中も振り返りも、アドバイスや何気ない言葉の重要性を改めて

感じることができた。たった一言のアドバイスが参加者の心とからだの動きを変えていくと思うと、やる気の出るポジティブな言葉をタイミングよく発することは大事なことだ。

　ミラーゲームの時、演劇人と教師２人の動きを見て驚いた。ミラーゲームとは、相手の動きと同じように動くアクティビティだ。通常、ミラーゲームをやると、相手の手や足、全身の動きに、少しずれながら動くことになる。ところがこの２人の動きは、手や足、全身が重なり合い、スローモーションのようにゆっくり大きな動きを醸し出す。まさに協力と集中の一瞬だった。その２人の動きを見た後、全員の動きは見事に変わっていった。それまでの楽しくはしゃいでいた雰囲気が、集中し緊張のある雰囲気になり、ゆっくり大きな身体の動作化になっていった。ミラーゲームから創作ダンスに発展しインプロコンテンポラリーダンスを見ているようだった。

　「ファシリテーターになろう」では、グループのアレンジが次々に出てきたので驚いた。

- サポート彫刻は、提示されたテーマに最初の１人がイメージをからだで表現し、順次表現を付け加えていくアクティビティだ。このサポート彫刻を、グループ４人で表現をつくり、１人ずつ抜けながら新しい表現のサポート彫刻をつくり続ける、というふうにアレンジする。
- ミラーゲームで鏡役のペアをつくる。動く２人にあわせて鏡役も動きグループ全員で活動する。鏡が回転して動きをリードすることも考えアレンジした。「表現が苦手な人用に鏡役を作れば全員が参加できると思いました」と参加者の女性が言われて、感心してしまった。
- ミラーゲームで先導役を動きながらアイコンタクトでチェンジするようにアレンジした。

　体験したゲームをグループでアレンジしていく作業は、アクティブラーニングそのものではないかと感じる。体験するだけではなく、体験を通してそこから新たな発見や創作を進めていくという営みこそが、学び方を学ぶことである。各グループのアレンジが想像していた以上のもので、驚きとともに感動すらした。振りかえりの時間を長く取ったことと、ゲームそのものがウォーミングアップの簡単なものだったこと、参加者に演劇経験者がいたことが、想像以上のアレンジを創作したものと考えられる。からだを通した協同的な学びがアレンジ

という創作活動まで高まったことに、参加者の表情は生き生きと輝いていた。2時間ではまだまだ足りないという雰囲気で、いつまでもその場で話し合われていた。

　教師自らが学び、教室の子どもたちに伝え、一緒に協同的な学習を行ってほしい。教師は時と場合によってはファシリテーターになる必要があるのではないか。

　心とからだが参加者同士やサブファシリテーターの渡辺さんによって揺り動かされた嬉しいワークショップ体験となった。

（5）インプロと大人、教師の学びについて

　教師とは子どもと一緒になって考え、寄り添い導く仕事であり、やりがいのある仕事である。しかし、現実の学校の中で教師はどのような状態であろうか。膨大な事務量の仕事とモンスターペアレントといわれる保護者対応、自己中心的な子どもたちの対応に追われている。その中で対応できずに病気になって休む教師や退職する教師は少なくはない。また、命を絶つ教師もいる。

　私は大学院でインプロと出会った。「相手にいい時間を与える」「失敗してもいいんだよ」というインプロの考えは、それまで求めていたものでもあった。インプロを体験しながら自分の心とからだが軽くなっていくのが分かった。インプロを学ぶことが楽しかった。体育「体ほぐしの運動」の中にインプロを取り入れた授業づくりを試みた。子どもたちは楽しそうにからだを動かして学び合うことができた。大人、教師にもインプロを伝えたいとの思いが募った。大人、教師だってそんなに強くはないし、たくさんの悩みを抱えている。インプロを通してそんな大人、教師の「心とからだ」をゆったりと和ませ、学ぶことの楽しさを伝えたいと思う。

　また、インプロ講座参加者の感想の中に「つくる楽しさ」を感じてくれた人がいた。身体や心が動き、ものをつくる楽しさに触れ、やってみたいという気持ちが募る。そんな学びの空間をインプロで感じる。子どもはもちろん、大人、教師も「つくる楽しさ」に触れることができ、心に学びたいという気持ちが溢れる。学校の中で子どもも教師も周りの人のことを考える事ができ、周りの人と学び合い、学びをつくる楽しみを知ってほしい。そのための「インプロと大人、教師の学び」の講座だった。

　このように、教師がインプロを体験し、学ぶことの楽しさや、学び方の工夫を伝えることができた。インプロは教育のさまざまな活動に活かすことができるので、活用してほしい。そのためにも教師自ら、身体を通して学んでほしい。その気持ちや熱意が、子どもたちに伝わっていくのである。

4 実践B 運動会「南中ソーラン」と組体操

子どもたちと教師集団でつくりだした
運動会での表現活動。
全員でつくりあげた表現は、
子どもたちの大きな財産だ。

(1) 伝統となった「南中ソーラン」

　南平小学校に赴任した2006年、「南中ソーラン」と組体操を運動会で発表した。
　北海道には昔から伝わる民舞、ソーラン節がある。そのソーラン節を現代のロック調にした「南中ソーラン」という踊りがある。全国の小学校や中学校の運動会で盛んに行われている踊りだ。1990年代に北海道稚内市立稚内南中学校が、テレビ局が主催する民謡民舞の全国大会で優勝したのをきっかけに、荒れていた学校を再生した同校の教育実践と併せて映画化されたり、マスコミに取り上げられたりしたことで、全国に「南中ソーラン」の名で広く知られるようになったのだ。今では稚内南中学校の伝統にもなっている踊りである。
　それまで5・6年生は組体操のみを行っていた。そこに「南中ソーラン」を入れたのは、子どもたちに表現を体験してほしかったからだ。演劇的な演出で、大きな魚や波の表現、マット運動の表現を取り入れて、表現づくりを試みた。
　そして、7年後の2013年度、再び5年生を担任した私は南中ソーランと組体操をやることになった。私が2006年に行った「南中ソーラン」と組体操は引き継がれていた。「南中ソーラン」は、毎年6年生が5年生に踊りを教えるという形で、南平小学校でも引き継がれ伝統となっていた。

（2）運動会に向けて

○ 実行委員会の話し合い

　2013年3月末、1年間派遣教員として過ごした宮城から東京に戻り、6月から運動会の準備に入る。10月初旬の運動会に向けて子どもたちの運動会実行委員と話し合う。子どもたちのアイディアや意見を取り入れて子どもと教師でつくりあげる運動会を企画する。5・6年生担任の先生方と話し合いを重ね、子どもとつくりあげる運動会を目指すことを確認する。

　運動会実行委員を募り、実行委員が各教室の子どもたちの意見をまとめ、実行委員会で話し合う。昨年までなかった「はっぴ」「大きな魚」「大きなうちわ」「ダンス」「マット運動」などのアイデアが子どもたちから出てくる。組体操も、どんな組体操にしたいのか、子どもたちに意見を聞く。

運動会実行委員会で話し合う子どもたち　　子どもから出た意見をまとめる

構想図

○ 練習

　運動会に向けて、各学級で実行委員とは別に「南中ソーラン」の踊りについて、踊りの練習の中心になるリーダーと、グループの話し合い活動を進める責任者を決める。学級で話し合いをし、学級の意見を実行委員会でまとめる。子どもたちの意見を取り入れることで、子どもたちの意欲を高め、子どもたちと共につくりあげる運動会の団体演技づくりを目指す。

　また、「南中ソーラン」の踊りは例年通りに6月、6年生と5年生の合同体育で6年生が5年生に踊りを伝える。6年生から踊りを教わる5年生は真剣な様子で6年生の話を聞く。6年生も真剣に5年生に踊りを教える。お互いの教え合いの姿が見ていてとてもいい。休み時間には5年生が6年生の教室に行き、踊りを教えてもらう。

5年・6年合同で「南中ソーラン」の練習

大きな魚をつくる

大漁旗をつくる

組体操についても、子どもたちの責任者を各クラスで決める。組体操で工夫できることを実行委員会で話し合う。5年生は初めての組体操だが、各クラスで意見をそれぞれ言ってくれた。

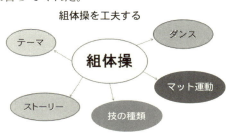

○ 構成

子どもたちの意見を取り入れながら、5・6年生の団体演技の構成は、図のようにまとまっていった。

子どもたちと先生たちでつくる5・6年実行委員会の話し合いで、昨年まではなかった「大きな魚」「大きなうちわ」「側転」「はっぴ」などを新たに取り入れ、側転の波の表現の中で、大きな魚と船の格闘する場面をつくることができた。はっぴも子どもたちからの要望を叶え、今年からはっぴを着て「南中ソーラン」を踊ることになった。

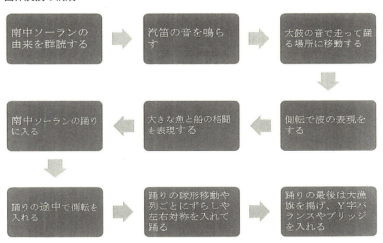

（3）運動会当日

　ソーラン節の由来の群読から発表が始まる。群読に続く汽笛、太鼓の音が海の勇壮な雰囲気を表すなかでそれぞれの場所に移動。側転で、荒れた海の波を表現する。

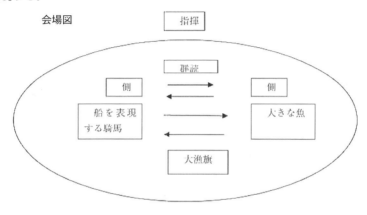

ソーランの歴史を群読する

荒れた海の波を側転で表現する

　子どもたちが作り上げた大きな魚を捕ろうと、騎馬で表現する船が争う。ついに魚を捕獲し、大漁旗がはためく。太鼓の音と共にはっぴを脱いだ子どもたちの「南中ソーラン」が始まる。

第4章　実践B―運動会「南中ソーラン」と組体操

青空の下で大漁旗が
はためいている

はっぴを脱いで
「南中ソーラン」を踊る

はっぴを集めて、組体操に入る。

7段タワーとその周りでバランス技を行う子どもたち

　組体操の最後、5年生は5段タワー、6年生は7段タワーを完成させた。5、6年の先生方が協同的な学習を進め、子どもたちと共に表現や構成を考えつくりあげた団体演技となった。

　6年生の7段タワーは子どもたち全員の協力が欠かせない。組体操はからだ通して協力ということを理解することができる。できあがった時の子どもたちと先生方の姿が輝いていた。一つのものをみんなでつくりあげることでいろいろな学びを学ぶことができた。5年生も6年生も自信を持つことができた。

　(この実践の2年後の2015年、組体操の論議が巻き起こった。)

（4）先生たちの感想から

●先生たちの感想から
・アイディアを出し合い、盛りだくさんの内容になりました。子どもたちが自分たちで意見を出して実行しました。本当にすごいことだと思います。一生懸命に練習した子どもたちの努力の姿を見ることができました。
・学級の子どもたちが書いた感想です。
　○ 協力することの大切さが分かりました。
　○ 力を合わせてできるようになりました。
　○ 気持ちをそろえて演じることができました。
　○ ６年生を目標にしてやりました。
　子どもたちは運動会を通して、友達との協力と学び合いを学んだ。
・子どもたちは自分たちでつくった南中ソーランと組体操だったと振り返りで書いていました。十分満足できたことでしょう。

　最近、学校では運動会の練習時間は少なくなってきているため、合理的に団体演技をつくることを考える。教師が子どもたちに教えてつくりあげるのが一般的になっている。見てもらうための出し物としての団体演技を短時間でつくりあげる。

　だが、私は団体演技を教師と子どもが協同的な学習のなかで一つのものをつくりあげることを大切にしている。教師も子どもも協同的な学習のなかでお互いが意見を出し合い、話し合いを通してつくりあげる過程こそが大切だと考えている。

　今回の団体演技の南中ソーランと組体操も子どもたちが意見を出し合った。なかにはできそうもない意見もあったが、いいなあと思える意見も数多く出た。その一つひとつの意見をつなぎ合わせて一つの団体演技をつくっていった。時間もかかるし手間もかかる。しかし、そういう教師と子どもが協同的な学習を目指す過程にこそ、実は子どもたちがこれから生きていくうえでの大きな財産となるものがある。教師も子どもも頭を突き合わせて意見を言い合い、その一つ

ひとつの考えを紡いでいくことが必要なのであると、私は思う。
　子どもも教師も自分に自信を持つには、全力で一つのものをつくりあげることだ。今回の団体演技が、子どもたちや先生方の大きな財産になったのではないかと思う。

5 実践C 学芸会の劇づくり

劇づくりにはあらゆる学びの要素が詰まっている。
子どもたちのアイデアを取り入れ、
学年の教師集団も一丸となって取り組んだ
学芸会5年生の劇づくりを報告。

(1)『あの日、青空に虹を見た』—脚本を書く

　私が勤務していた小学校では、3年間のサイクルで下記のように発表会を行う。子どもたちは6年間の小学校生活で、劇発表、音楽発表、展覧会をそれぞれ2回経験することができる。

平成24年度	平成25年度	平成26年度
学芸会	**学芸会**	**展覧会**
・劇発表　2・4・6年 ・音楽発表1・3・5年	・劇発表　1・3・5年 ・音楽発表2・4・6年	・全学年

　子どもたちと一緒に劇づくりをする。劇づくりの楽しさや素晴らしさを伝える。——学年の担任3人で話し合い、子どもたちに合う脚本を書くことになった。私は以前に書いた『学校パラダイス』という脚本を書き直した。学校って素晴らしいところなのだ、友達とともに成長する場所であり、未来への可能性を養うところなのだという学校劇の内容だった。書き直しをしていくうちに内容も全面的に変わってパラダイスではなくなったので、題名は『あの日、青空に虹を見た』とした。

　私たち3人の担任は、劇について何回も話し合った。友達との関わり合いを通して成長していく子どもたちの姿を描くことで、友達のありがたさや信じることの大切さ、そして、みんなで1つの劇をつくることの素晴らしさを伝えたいとの思いが募った。子どもたちの日常の問題や悩みなどを盛り込み、劇を通して友達とどのように解決していくかを考える。発表するための劇だけではなく、劇を通して子どもたち一人一人に友達との関わり方や悩みを共有してほしい。そして、生き方を学んでほしいと、担任3人は願った。

○6月—脚本を書き始める

　11月22・23日の学芸会に向け、脚本を書き始めた。

第5章　実践C―学芸会の劇づくり

　書いた脚本で子どもたちが活躍する場面をたくさんつくり、学年85人全員が舞台に上がって全力で力を発揮できる内容にする。劇をつくるプロセスを楽しみ、学びを深めさせる。劇づくりをするなかで、子どもたちはたくさんのことを学ぶことができる。また、子どもたちだけが学ぶのではなく、子どもと担任の協同的な学習で劇づくりを目指す。そのためには、自分で脚本を書き、子どもと共に考え、悩み、新しい一つの劇づくりを目指したいとの思いがあった。ともに5年生の学年を組んでいる有水洋一さんと新藤美智子さんに話をすると、快い返事をいただくことができた。

　『学校パラダイス』をどう書き直すか。校庭でサッカーをしている子どもたちの姿を見ているうちに、サッカーの劇が私の頭に浮かんだ。サッカークラブに焦点をあてて書き直そう。さらに、音楽やダンスに興味をもつ子どもが多いことから、劇の中に子どもたちの好きな音楽やダンスを入れ、子どもたちが力を発揮できるようにしようと考えた。

○7月―劇中歌をつくる

　夏休み前に音楽専科の貞永先生に改稿中の脚本を渡し、私が作詞・作曲した劇中歌「僕の夢」「やる気音頭」「ゴリラモンスター」の楽譜を書いてくれるようお願いする。快く引き受けてくれる。

　音楽室に行き、私が歌った歌をその場で録音し、その録音した歌を聞いて、後日楽譜にしてくれた。教師集団の協力は大きな力になる。音楽の苦手な私だが、じっくりと脚本の場面を頭に入れながら作詞をした。曲は場面の状況をイメージして何とかつくった。脚本を書くのと同様、作詞・作曲という、つくることの苦しみを改めて知ることができた。それが学ぶということなのであり、私が子どもに伝えたいことでもあった。

音楽専科の貞永梨佳先生が楽譜にしてくれる

○8月―脚本の学習会に参加

　演劇教育夏季大学という夏の学習会（主催＝日本児童劇作の会）に四日間参加した。成城小学校の加藤陸雄さんに台本『学校パラダイス』を見てもらい、四日間ひたすら書き直す。書けば書くほど文章の整理が必要になる。そこで、図にして整理することにした。図を描くことで頭のなかで絡まっていた関係が整理される。

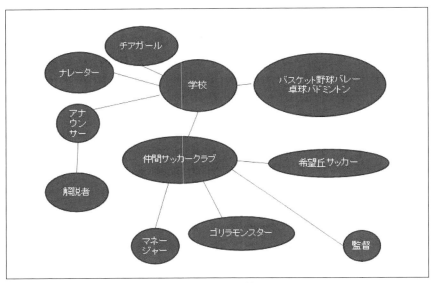

構想を図にして整理

　加藤さんが一場面を書いてくれた。私の書いたものより台詞の言い回しが分かりやすく、参考になる。題名も直したほうがいいのではないかとアドバイスされた。こうして題名も新たに『あの日、青空に虹を見た』を書きあげることができた。脚本を書くことはとてもエネルギーがいることだが、励ましていただき、ありがたい４日間だった。加藤さん、ありがとうございます!!!

　『あの日、青空に虹を見た』のあらすじは以下のようになっていた。
　仲間小学校サッカーチームは中学受験で退部する人、チームが弱すぎてやる気になれない人、他のクラブから馬鹿にされるなど、様々な問題を抱えている。

サッカーは天才的に上手いが自分勝手な主人公柳田君。前の学校のサッカーチームで自分勝手な言動で孤立し、この仲間小学校に転校する。仲間小学校サッカーチームのキャプテン中田君はなんとかチームを立て直したいと悪戦苦闘する。この2人を中心に、ゴリラモンスターという不良グループやサッカー強豪校である希望丘サッカーチームとのトラブルや友情が繰り広げられる。マネージャー、チアガール、ナレーター、各クラブのメンバーが劇を盛り上げる。子どもたちへの応援劇である。

○10月―脚本の完成

校長と副校長に作品を見てもらう。

ドラマのクライマックスとも言える「柳田君の心が変わる場面」について指摘される。そんなに簡単に柳田君の心が変わるのだろうかということだった。柳田君はサッカーがとても上手な子だが、自分勝手でチームの子どもたちと言い争いばかりする。サッカーが下手な子には罵声を浴びせる。試合に負ければチームの悪口を言う。相手チームには喧嘩を吹っ掛ける。どう見ても態度が悪いというのが柳田役の設定だ。そんな自分勝手な柳田君の心に変化が生じ、チームのためにプレーをするようになるには、それだけの理由が必要だというのだ。

指摘されたように、柳田君の心が変わるだけの事実関係を脚本に書かなければならなかった。どのように書けばよいのか試行錯誤した。困った!!! 一週間考える。柳田君の心が変わるような布石をいくつか打っておかねばならない。しかも自然なように……そのことを徹底して考える。

しっかりとした脚本を書いて、演劇の素晴らしさを子どもたちに伝えたいと思う。1日1日大きな責任を感じて書き直した。書き直しては学年の先生方に見てもらった。学年の2人の先生、有水さんと新藤さんという、いい学年に恵まれたことに何回も感謝した。

こうして、10月中旬に『あの日、青空に虹を見た』の脚本が完成した。

完成した脚本の表紙

劇『あの日、青空に虹を見た』の構成

プロローグ サッカーの強い希望が丘小と、サッカーの弱い仲間小が毎年行う対抗戦について、ナレーターが説明する。／歌「語り合おう」

場面１：東京大会決勝戦 希望が丘小のエース柳田がフリーキックを決めて東京大会を優勝に導くが、チームメートからは孤立していく。／群読「プロローグの群読」

場面２：仲間小学校サッカークラブ 仲間サッカークラブは弱すぎて、部員が次々にやめていく。部に残る中田は、クラブの立て直しを決意する。／ダンスクラブと体操部のダンス

場面３：放課後の体育館 部員確保のために、マネージャーたちが入部を勧誘する。他のクラブにもあたるが、相手にされない。途方に暮れる中で、「東京大会MVP」の柳田がいることを知る。柳田は仲間小学校に転校してきたのだった。／歌とダンス「やる気音頭」

場面４：体育館裏 柳田は不良グループのゴリラモンスターのメンバーと共に体育館裏にいた。柳田は、ゴリラモンスターのゴリやマサたちのグループに入っていたのだった。柳田にチームに入るように頼み込むマネージャーたちと、サッカーは２度とやらないという柳田。／歌とダンス「ゴリラモンスター」

場面５：特訓の日々 サッカーチームに入った柳田だったが、チームメートとはトラブルを次々に起こす。柳田の要求を理解できない部員たちと、何とかチームを立て直そうとする中田。／歌「僕の夢」／チアガールのダンス／群読「あきらめない」

場面６：決戦の日のグランド 仲間小と希望丘小の対抗戦の日、柳田はサッカーで希望丘に復讐しようとする。しかし、チームの歯車がかみ合わない。そして、後半ロスタイム……。

フィナーレ 出演者が役順に次々に登場してダンスを次々に踊る。仲間との友情をテーマに全員で歌を歌いながら幕が閉まる。／歌「語り合おう」／各グループのダンス

場面ごとのイメージ画で演出のイメージを整理

　場面ごとのイメージ画は、私自身が演出のイメージをもつために描いた。場面ごとのイメージを自分がもつにはイメージ画がとてもいいと今回改めて思った。イメージ画で場面ごとにイメージを整理していく。整理しながら新しいイメージが浮かび上がる。新しいイメージは、地道な作業からつくられるものだということも分かった。大切なことは地道な作業であり、その作業をしながら新しいイメージも浮かび上がる。

(2) 劇をつくる

○オーディションを行う

　学芸会1か月前、体育館でオーディションを行った。主役の柳田役、中田役、サッカーチームの中心選手、マネージャー、チアガール、ゴリラモンスターという不良グループの中心人物に絞ってオーディションを行った。

　各役がグループになって進めるという協同的な学習形態で練習を行うため、各グループの中心になる役は責任者にもなって練習を進める。

　オーディションは思っていた以上に希望者が多かった。中田役にはソロの歌があった。偶然ではあるが、合唱団に入っている子どもが中田役のオーディションを受けた。ソロの歌を歌え、台詞をはっきりと言える2名の男女が選ばれた。柳田役には台詞をはっきり言えて動作が上手な2名の男女が選ばれた。

　オーディションでは全体的に棒立ちで台詞を言う子が多かった。この1か月でどれだけ表現の幅を広げることができるかにかかっていた。

　放課後、学年の先生と音楽の先生の意見交換をして配役を決定した。ほぼ担任3人と音楽の先生の意見は一致した。

　グループの責任者はグループ練習の中心になって練習を進める。責任が伴うのだ。責任者もクラスで分散した方が、各クラスのモチベーションが高くなる。

　できるだけリーダー中心に進めるが、その裏では各担任が事前に話し合い準備をした。これもいい学年に恵まれたことに感謝した。

○全体練習―モデル学習―グループ学習

■ 10月21日

・**モデル学習**（10分）

　学年全体で集まり、数人の子に代表で台詞を言ってもらう（モデル学習）。台詞の言い方のポイントを子どもたちに伝える。

・通る声で言う
　　・抑揚を付ける
　　・間を空ける
　　・ゆっくりと言う

　この日は、通る声でゆっくりと抑揚をつけた台詞の練習を目標にする。主役の柳田役と中田役4名を2グループに分け、ペアのモデル学習で下記のように台詞を言うように指導する。

　　中田　みんな一生懸命にプレーしたじゃないか。
　　　　　　　→柳田役の目を見て、ゆっくり通る声で。
　　柳田　下手で、おまけに偉そうだな。
　　　　　　　→右手で追い払い、中田役を見下すように間をあけて。
　　中田　柳田、力を合わせていいチームをつくろう。
　　　　　　　→柳田の目を見てゆっくり通る声で。

　中田役も柳田役もしっかりと通る声で台詞を言う。ただ、どうしても台詞の言い方が早くなってしまう。繰り返しみんなの前でやって練習の目的を全員に理解させる。

・**グループ練習**（15分）
　各グループの責任者が声をかけてそれぞれの場面を練習する。
　遠くまで台詞を届ける、通る声ではっきりと言う。動きをイメージして手足、身体を動かして台詞を言う。誰に台詞を言うのかを明確にして言う。

・**全体練習**（15分）
　全員で脚本を読み込んでいく全体練習の最後に、読みの上手な子を指名して再度読んでもらう。
　子どもたちに良い読みを理解させる。

・**振り返り**（5分）
　子どもたちからの意見や責任者からの進行状況を全員で確認する。できるだけ子どもたちが自由に意見を言えるような振り返りの時間にする。

■ 10月23日
・**モデル学習**（5分）

全体で集まり、代表数名に台詞を言ってもらう。
　・誰に向けて台詞を言うのかをはっきりさせる
　・台詞を言う相手に視線を向ける
　・台詞のない人は、台詞に対してどのような動作をするのか
・グループ練習（20分）
　遠くまで台詞を届ける、通る声ではっきりと言う。
　誰に台詞を投げかけるのか。相手に投げかけるのか、自分に問いかけるのか、観客に投げかけるのかを決めて、投げかける相手に視線を向けて台詞を伝える。台詞の伝え方をしてから動作をつける。台詞を言わない時の動作をどうするかを考えさせる。劇として特別な動作ではなく、日常生活ではどのような動作をするかを考えさせる。大事なことは子ども自身に自分の日常生活を振り返らせること。その中にいくつものヒントが隠されている。
・全体練習（15分）
　脚本を読み込んでいく。
　　動き方を考える。→　　誰に台詞を言うのか：視線を決める。
　　　　　　　　　　　　どんな気持ちで言うのか。
　　　　　　　　　　　　周りの動きはどうするのか。
・振り返り（5分）
　責任者からグループの練習の様子を発表してもらう。責任者はさすがにしっかりしている。よくグループをリードして練習を進めてくれている。全員で練習の様子を共通理解する。

■ 10月25日
　体育館での練習1回目、第5場「特訓の日々」から練習を行う。出入りと演出の難しいこの5場と、6場「決戦の日のグラウンド」から練習を始める。
　5場　特訓の日々　登場する人物は、柳田、中田、チアガール。
　仲間サッカーチームの練習が始まる。柳田と他のメンバーが、たびたび言い争いや取っ組み合いの喧嘩をする。キャプテンの中田が、何とかチームをまとめようと必死になる。中田の必死さに、柳田の心に変化が生じてくるという場面である。
　チアガールはチームを励ます台詞とダンスを行う。自分のことしか考えない柳田がチームのことを考え始める場面。中田の台詞、他のメンバーの台詞を柳

田にぶつける。教室で練習してきた成果がでて、はっきりと台詞を言うことができた。柳田に対する過激で力強い台詞の言い方がいい。チアガールのダンスの動きもそろっている。柳田役が一緒にダンスをする。ここでの柳田役は男子、ダンスを女の子たちの中で踊るのが恥ずかしいようだった。柳田の心の葛藤をダンスで表現し、柳田の心に変化が生じる大事な場面。心の変化を演技するのは５年生には難しい。柳田役の２人とも一生懸命やっているので、私の無理な要求だと感じた。

■ 10月27日（日）
　学校に行き、**第６場「決戦の日のグラウンド」**を図に書いて分析し整理する。とくに出入りと位置の確認については、図に書くことで整理することができた。
　ここでは、サッカーの動きや試合の場面を舞台上でどう表現するかが大きな問題だった。早い動きは観客には理解されない。どうしたら、見ている人にも伝わる表現になるかを考え、インプロで学んだものを活かしていくことにした。
　インプロのスローモーション・ジェスチャーや静止画（４コマ画像）、人文字等の工夫を脚本に入れていく。インプロ「ワンワード」「静止画」「人文字」は、教室で行ったものを脚本に入れ、子どもたちのモチベーションを上げる。
　「柳田君がドリブルで上がるがボールを取られる。中田君が走ってボールを取り返し、パスを出す。パスをもらった伴君がシュート、決まった。」──試合を中継する、このアナウンサーの台詞に合わせて、柳田君と中田君、伴君がスローモーション・ジェスチャーで動きを表現する。
　「中田君がロングボール、柳田君がトラップ、パスをもらった伴君がボレーシュート、キーパー取れない。」のアナウンサーの台詞に合わせて、中田君、柳田君、伴君、キーパーの動きを静止画にする。

■ 10月28日（月）第６場の練習
　劇づくりは表現活動なので、舞台上はできるだけ子どもたちが自由に動けるようにする。自由な空間で子どもたちが、どれだけ自分のアイディアや工夫を出すことができるのか。子どもたちにアイディアや工夫が生まれることを望んでいた。
　例えば、監督の「２か月後だ。勝つまでやるぞ！」という台詞の後に、「次も試合ができるぞ」「じぇじぇじぇ」「やったー」を入れたいという意見が出た。

「じぇじぇじぇ」は、その当時流行っていたNHKドラマの流行語だ。台詞については当日までに次々に子どもたちから意見が出され、追加していった。

舞台上の立ち位置とどのように動きをつけるかも、子どもたちは工夫した。舞台上の人数が増えると、どうしても固まってしまうので、子どもたちは固まらないように舞台の立ち位置を工夫していた。（担任も支援した。）

指導にあたっては、ドラマ教育やインプロという、自分が学んだことをヒントにした。自分が大学院で学んだノートを取り出して読み返した。そのノートには、参考となる言葉が数多くあった。

・ゆっくり演技する。
・演技の基本は土台をしっかりと組み立てておくこと。
・感情の変化が演劇にはとっても大切。
・言葉を少なくし、動作で表現する。
・ゆっくり少ない動きが表現を強める。早い動きは表現を弱める。
・ギリシャ演劇のスタイル、演技する人と台詞の人を分ける。

試合場面の演技は難しい。言葉ではなく、動きで観客に伝えたかった。技術を用いることがヒントになると考え、インプロなどの技術を活かしていった。

・カット割りというストップモーションの活用

連続カット割りのイメージ

・連続カット割りという複数の連続写真のようなストップモーションの活用
・4コマ画像
・スローモーション・ジェスチャー
・試合の観客に動きをつける
・音効を利用する

　カット割り、連続カット割り、スローモーション、4コマ画像をこの場面に取り入れる。カット割りとは、その場面だけ動きを止めること。連続カット割りはシュート場面を7人にカット割りの動きを順番に止めさせること。

　シルエットや照明、映像も考えてみたが、ストロボやホリゾントライトが学校にはないのでできなかった。技術を取り上げて、脚本の山場となるサッカーシーンの場面をつくりあげる努力をした。

■ 10月29日（火）グループ練習

　放課後にグループ練習を行う。ダンスクラブとチアガールのダンスは、びっくりするくらい迫力があってよかった。子どもたちの意欲が向上していることが分かる。

　子どもたちが帰り、職員室で明日、明後日の練習予定を話し合う。衣装のことや効果音のこと、やりがいがある。担任3人で話し合うと、アイディアが次々に出てくる。私1人ではできないことや考え付かないことも、有水さんと新藤さんが支えてくれる。

　責任者が中心になり、グループごとに練習をしている。運動会の時にも行った実行委員会を行うことで、グループごとの活動報告を行い、85人全員が共通理解できるように進めていく。活動は教師中心ではなく、子どもたち自身が主体的な活動で劇づくりを進める。そのために実行委員会を昼休みに開く。実行委員から各クラスの責任者に練習予定を連絡する。

　実行委員会→リーダー→グループ練習

　今日の宿題は学芸会練習の感想文にした。後日提出された感想を読むと、舞台上での動きのむずかしさを痛感したこと。いい劇にしたいということが書かれていた。劇の練習を通して自分の課題と向き合っていることが分かった。

■ 10月30日（水）休み時間の練習

グループに分かれての練習を行う。子どもたちは劇がどんどん好きになっていくと感じる。私が受け持つ主役級の子は意欲満々で挑戦している。子どもの一生懸命にやる姿勢を担任として嬉しく思う。放課後は担任3人で明日の練習について、次のように話し合う。

・**場面1「東京大会決勝戦」** 柳田君がエースとして東京大会で優勝するが、自分勝手な言動とプレーでチームから孤立し、チームをやめるまでの場面。自己中心でサッカーさえ上手ければいいという柳田君の気持ちを観客に印象付けたい。

・**場面2「仲間小学校サッカーチーム」** を練習する。

仲間サッカーチームは弱小チームで、あまりの弱さに辞めていく部員も出てくる。キャプテンの中田君が悪戦苦闘してクラブを立て直そうとする。その中田君の気持ちを観客に強く伝えたい。中田君のソロの歌「僕の夢」も入る。

　　　僕の汗と輝きが伝わる
　　　僕が輝けばきっと伝わる
　　　そう信じて歩き出そう

「僕の夢」の一部の歌詞だが、中田君の気持ちを表している。さらに言えば、中田君のような自分一人でも信じる道を進むという子どもが現実には少ない。もっとポジティブに自分を信じて行動してほしいという願いを込めている。

この場面は上手や下手から出てきては台詞を言うという場面。時間が余ったらグループ練習に入る。各グループで話し合いをし、演技を練習する。音楽の先生にも入ってもらい、歌と合奏についても話し合いを進める。

■ 10月31日（木）

昨日の話し合い通り、場面1・2の練習を行う。その後、グループの練習をする。

学級の子どもの作文

今日、学芸会『あの日、青空に虹を見た』の場面1と2の練習をしました。私の出番は場面2で台詞は四つです。今回の練習が初めてなので、慣れない舞台にすごく緊張しました。声は出したつもりですが、振りつけが難しかったです。四つの台詞のうち二つが「怒り」の台詞です。声を出しただけでは観客は何とも思わないはずです。顔つき、声の高さ、動作を意識して演技をしたいです。こういう演技はうまさではなく、努力で決まると私は思います。

私が本当に求めているものは、「努力」「一生懸命」です。私はたいして演技がうまいわけではありません。「努力」で勝負します。

　子どものこういう気持ちが劇をつくっていく。この作文を読みながら、子どもたちの「努力」が劇に活かされるようにしたいと思った。子どもに負けないくらい「努力」しなければとも思う。子どもたちと一緒に劇をつくることは大変だが、とても嬉しい気持ちになる。

■ 11月1日（金）
　場面3「放課後の体育館」、4「体育館裏」の練習を行う。
　場面3「放課後の体育館」　体操部、ダンス部、野球部、バスケットボール部、バドミントン部が全力で部活動を充実して行っている。対照的にサッカークラブのマネージャーが、次々に辞めていく部員の補充のための宣伝にくる場面である。各部がダンスやマット運動「側転」、歌「やる気音頭」、人文字「MVP」、演奏で生き生き表現することで、弱小サッカーチームが学校のお荷物であるということを観客に伝える。
　場面4「体育館裏」　ゴリラモンスターという不良グループの仲間に入っている柳田君と柳田君をサッカーチームに入れようとする中田君との出会い。中田君の熱意が不良グループや柳田君の心を動かすことを観客に伝える場面。

　「どの場面のグループの演技がよかったですか？」と見ている子どもたちに聞く。多くの子どもたちが手を挙げ、「野球クラブ」「ダンスクラブ」と答える。「野球クラブ」が張り切っている声を出している。「ダンスクラブ」のダンスもいい。今日で一通り劇を通した。明日はプロローグ、1～4場面を行う。

■ 11月2日（土）
　土曜日だが、勤務日だった。3時間目にプロローグから場面4までの通し練習を行う。問題は多々あるが、通せたことが成果だ。一人一人の子どもが精いっぱい表現していた。グループによって温度差はあるが、全体としてはやる気があっていい。
　担任3人で話し合う。
　舞台上での基本的なことを話しているつもりであるが、なかなか浸透しない。

モデル学習をして再度舞台上の基本を再確認した。基本の大切さが身に染みる。何をやっても基本に戻ることが大切だ。
・舞台という広い空間をいっぱいに使う。
・台詞を誰に伝えるのかを明らかにする。
・伝えたい人に視線を向ける。そのことで体も向けることができる。
・台詞の意味を考えて動作をする。
・台詞を言う人に対して、周りの人がどのように動くかを考える。
　インプロの考えにある、「相手にいい時間を与える」。台詞を言う人が、周りの友達を意識して台詞を伝えることができると、周りも動きやすくなる。
　この段階になると、演劇の奥の深さを感じる。観客の想像力を誘発するということを考える。舞台の立ち位置を整理する。台詞を誰に投げかけるのかを決めていく。観客はどのように感じるのかを考える。いずれも５年生の子どもたちには難しい課題だ。教師が考えなければならない課題だと思う。教師はあらゆることに対応できる知識と知識を応用できる思考力、経験が必要だということを感じる。

■11月5日（火）
　1場面から4場面までを通す。目標通りに通すことができた。
　通すことで手いっぱいだったが、同時に課題も分かる。グループごとに課題の部分を練習する。
　チアガールグループは全員女の子のグループなので、雰囲気的に声が小さくなってきていた。グループ練習で声をはっきり出すよう課題をリーダーに伝えた。
　希望丘サッカーチームは、リーダーががんばっていたが、他のメンバーの気持ちが全力ではなかった。もう一度グループ全員で気持ちをつくることから入った。
　グループ練習をやることにする。休み時間に集まる。歌も昼休みに歌う。歌は歌いやすいようで、子どもたちは声を出して歌っていた。

■11月6日（水）
　この日も中休みに個別練習をする。仲間サッカークラブの練習であるが、動きを中心にアドバイスをする。考え方を子どもたちに伝えた。

スローモーション・ジェスチャーや静止画の技法を用いて、サッカーシーンを観客が分かるようにゆっくり、あるいは静止画として表現する練習をした。何回か練習するが、サッカーシーンは難しい。ゆっくり動くことは難しいようだが、子どもたちはよくやっている。

■ 11月7日（木）〜13日（水）
　個別練習をしてプロローグからフィナーレまでを通した。最後まで通せたことにホッとする。勝負の場面6は、演劇的手法の、スローモーション、連続ストップモーション、静止画（4枚の写真）を活用する。
　舞台上でのサッカーシーンは非常に難しい。このシーンが決まれば、劇はとてもよくなる。スローモーションのサッカーの動きと観客の動き、アナウンサーの声が調和しない。頭の中にはイメージがあるので、そのイメージを子どもたちに説明しながら、舞台上で整理していく。この状況を子どもたちと楽しまなくてはいけない。

○学芸会までの一週間

■ 11月14日（木）照明、大道具の大型の絵
　係の活動を進める。授業後に絵画を係の子どもたちと共に描く。虹の絵画は、実際に描いてみるとイメージ通りには描けなかった。どのように直していくのかを考えねばならない。「うーん」とうなってしまった。
　場面6で、試合に敗れたが、中田キャプテンはキャプテンマークを柳田君に手渡す。中田君と柳田君が笑顔で握手してチームを一緒につくっていこうと決意する。この場面の背景いっぱいに虹が出る。握手の瞬間に出てくる虹はとっても大事なのだ。

■ 11月15日（金）　1週間前のリハーサル
　リハーサルを行った。衣装、照明、音効、合奏を入れた。子どもたちも大きな刺激を受けて張り切っていた。劇が進むうちに気がつくところが次々に出てくる。声の大きさ、台詞を言う子が舞台前に出てこない、動作がない。問題が次々に出てくるが、その都度その場で整理していく。

第5章 実践C―学芸会の劇づくり

■ 11月16日（土）ビデオ撮り

リハーサルをビデオに撮る。リハーサル後教室に集まり、ビデオを見ながら話をする。子どもたちの意見を取り入れる。子どもたちはビデオを見て、気付いたことがたくさんあったようだ。

担任で話し合い、柳田君の心の葛藤を表現する場面を付け足すことにした。善と悪の仮面を登場させ、柳田君の心の葛藤を表現できるのではないかと考えた。インプロのワークショップで学んだことをヒントに、仮面を入れることにした。

本番まで1週間になった。劇の70％は完成した。

■ 11月18日（月）「仮面劇」をヒントに

ヨーロッパ16～17世紀に盛んだった仮面劇。この仮面劇をヒントにして、劇の主人公柳田君の心の葛藤を、二人の仮面役を入れて表現する。その後にダンスでも心の葛藤を引き継ぎ、自分勝手な柳田君の心に少しずつ変化が生じてくる。次のような仮面劇を入れた。

仮面1　チームのことを考えるのよ
仮面2　今まで通り、自分勝手にやれ
仮面1　チームに信頼されるように
仮面2　何が信頼だ。サッカーは点さえ取ればいいんだ
仮面1　柳田君はきっと分かるはずよ
仮面2　あいつの自分勝手さは変わらんよ。がっはっは!

仮面役の2人

「いい考えを思いついたら劇に取り入れよう」。

最後まで劇をつくりあげる姿勢を子どもたちに伝えた。大切なことは、アイディアと工夫を積み重ねて一つの劇をつくり上げること。学ぶとは、友達と協同的な学びを通して一つのものをつくることであり、そのつくるまでのプロセスを子どもたちに伝えたかった。

- 子どもたちと一緒に脚本づくりをする
- 歌づくりをする
- 背景の絵を描く
- 子どもたちが中心になってグループで練習する
- 演劇の技術を取り入れる

■ 11月19日（火）

最後の調整で台詞の言い方、声の大きさ、立ち位置を確認する。あとは子どもたちを信頼して任せ、最後の調整を進める。

■ 11月21日（木）前日のリハーサル

本番通りにリハーサルを行う。最後は子どもたちの頑張りをたくさんほめて明日の本番に備える。ただし、つけ足しの台詞や動作の直しは学芸会本番直前まで受けつけた。実際、22日の児童鑑賞日と23日の保護者鑑賞日では、数か所の変更が出た。子どもたちは、最後の最後まで劇づくりを考えていた。

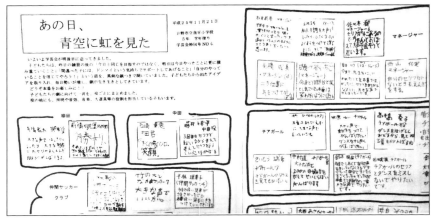

学芸会通信に寄せられた子どもたちの学芸会当日への意気込み一言

> あの日、青空に虹を見た

南平小学校5年
平成25年11月22日(金)
NO、5

学芸会のリハーサル

　各担任から話をしました。
　劇を85人全員でつくりあげること。舞台に立つ子だけではなく、係の子や舞台袖で待つ子、ひな壇で待つ子も含めて、全員で協力すること。私語や足音などをたてない気配りもすること。子どもたちは真剣に話を聞いていました。そして、声出しをして体育館に向かいました。体育館後ろで待たされましたが、本番の日に向けていい経験となりました。
　体育館に入り、素早く準備をしました。照明、合奏、音効、大道具が準備をしました。電気を消して、いよいよスタートです。子どもたちが全力で行う姿を見ていると、本当にうれしいです。話の内容は学芸会当日のお楽しみです。昨日のリハーサルで初めて脚本に入れた台詞がありました。子どもたちの希望で入れることにしました。初めての台詞なのでどうなるのかと見ていると、心をそろえて嬉しそうにその台詞を言っていました。このように、子どもたちとともに劇づくりをした場面がたくさんあります。子どもたちのアイディアや工夫を取り入れた、子どもたちと先生方でつくった劇になりました。子どもたちは、役のグループごとに張り切っています。
　リハーサル終了後は、5年2組に集合して振り返りをしました。「今日、劇を全力でやった子」と聞くと、ほとんどの子が手を挙げてくれました。あとは学芸会当日を待つのみです。

(1)

学芸会通信 No.5　2013年11月22日

リハーサルの様子・・・全力で挑戦する子どもたちの姿！！！

プロローグ：ナレーターの物語紹介の場面

マネージャーと仲間サッカークラブの場面

仲間小学校の各クラブの歌「やる気音頭」の場面

仲間サッカークラブの言い争い

善悪の仮面：柳田君の心の格闘場面

５年生８５人でつくった劇、「あの日、青空に虹を見た」子どもたちのアイディアや工夫した場面がいくつもあります。子どもたちはグループ学習を中心に練習をしました。各グループでチームワークづくりをして協力することや助け合うこと、アイディアや工夫することを学びました。子どもたちの精一杯の行う劇を応援してください。

６時間目は、学芸会準備をやりました。校舎の掃除や体育館の椅子並べをしました。張り切ってやってくれた５年生です。学校全体のことを考えている子が何人もいます。

学芸会通信 No.5

(3)学芸会本番

■ 11月22日（金）・23日（土）学芸会

2日間の学芸会本番がいよいよ始まる。子どもたちが練習の成果を発揮してくれることが楽しみだ。

1日目の児童鑑賞日は体育館裏で出番を待つ間、子どもたちの緊張が伝わってくる。

前の学年の出し物が終わり、いよいよ5年生の出番だ。我先にと走りだそうとするので落ち着いて行動するように声をかけ、85人が体育館の上手、下手、雛壇、ギャラリーの照明へと移動する。照明が消え場内が暗くなる中、スモールライトで始まりのサインを送りアナウンスが体育館中に流れる。舞台上にライトが照らされ張り出し舞台袖から9人のナレーター役が登場する。台詞のテンポがいつもより早く緊張していることが伝わる。幕が開き第1場の柳田役がゆっくりと台詞を言い、舞台上を落ち着かせてくれる。

ダンス部や野球部などの表現が楽しく素晴らしい。最近の子どもはダンスを習いリズム感がとてもいいと、見ながら感心する。観客席からも歓声が上がる。舞台上の空間全体を使うことを意識し練習してきたが、85人という人数もあってグループごとに分散してはいるがどうしても数人で固まってしまう。自信がないのだろうと心の中で励ましの声を上げる。ゴリラモンスターの不良グループは元気があって盛り上げてくれる。テーマ曲も決まった。その調子だと何度も思う。

第5場まで無難に進み、いよいよ勝負の第6場「決戦の目のグラウンド」になる。アナウンサーの「中田君がロングボール、柳田君がトラップ、パスをもらった伴君がボレーシュート、キーパー取れない」のアナウンスに合わせるようにスローモーション・ジェスチャーや静止画で動く。宇宙空間で動くような動きをイメージするが難しい要求だ。その中で伴君の動きが素晴らしいのには驚く。完璧にイメージを持って動き、シュートのジェスチャーを大きな動作で決めてくれる。アナウンサーも難しい要求をよっぽど練習したのだろうと思え

るほど声を出して熱演した。子どもたちの頑張りには何度も感心する。
　キャプテンの中田君がキャプテンマークを外し、自己中心で我儘な柳田君にキャプテンマークを渡し笑顔で握手する。と同時に背景画の虹が舞台上から降りてくる。子どもたちと描いた虹に驚きの声が上がる。スポットライトを黄色に変え舞台全体を輝かせる。ギャラリーの照明サイドから見ながら「青春」場面だなあと思う。フィナーレの元気な歌と大きな拍手の中で幕が閉じる。
　子どもたちが体育館裏から出てくる。「先生、どうだった？」と聞いてくる。「とっても良かったよ」と返事をすると嬉しそうだった。学芸会は上手い、下手ではない。子どもたちがどれだけ全力でやるかであり、発表までのプロセスが大事なのだ。
　1日目の児童鑑賞が終わり、学年全員が教室に集まりふり返りを行う。各グループの責任者に今日感じたことを発表してもらう。どのグループも全力でできたと言うが、実際は舞台裏で数人の子がふざけていたと先生に指摘される。少し残念に思う。手直ししたいというグループも出てきた。放課後練習すると自分たちで声をかけていた。結果ではなくプロセスを大切にするとはこのようなことなのだろうと思う。やる気を見せる子どもが出てくると教師としては嬉しくなる。

　2日目の保護者鑑賞日は、出番前に音楽室で歌の練習をしてから注意事項をいくつかする。昨日舞台裏でふざけていた数人に伝えることもあった。劇の変更点「野球部は観客席中央から歌に合わせて出るよう変更する」等も知らせる。2日目なので子どもたちに昨日ほどの緊張はない。自信を持って演技できるような雰囲気があった。体育館に入ると親に手を振る子もいた。保護者目線で考えると台詞が少ない役の子どもには申し訳ないと思う。どうしても主役級の子どもに視線がいく。そこを85人全員で1つの劇を創り上げていると理解してもらえるとありがたい。保護者が観客だったので1日目ほどに笑い声や歓声が上がらない。子どもたちは昨日同様精一杯演じきった。
　終わって体育館を出ると何人かの子が目頭を押さえていた。全員で教室に集まり先生や責任者の話を聞いた。やり切ったという自信が子どもたちからは感じられた。私自身最後になるだろう学芸会が終了し、ホッとするとともに寂しく感じた。

(4) 学芸会を終えて

○子どもたちの振り返り

・今日の本番でいいなあと思ったところは、台詞をゆっくりはっきり言えたことです。もう一つは、自分の本気をこえて心のなかで「初めて限界を超えた」と思いました。明日も今日の千倍ぐらいする気持ちで頑張っていきます。
・劇の楽しさが分かった。やっていて楽しかった。
・役をやっていてどんどん楽しくなっていった。
・歌の振りつけをグループで考えた。いろんな人に見てもらった。振りつけは周りの人を活かすということが大事だということがやっていて分かった。
・走って舞台に出てくるシーンで、全力で走ってきて苦しそうな演技を入れた。自分としてはよく工夫したシーンになったと思っている。
・各クラブは自分たちで動作を考える事ができた。体操クラブは音を入れることも自分たちで考え、音を入れてみると踊りの動きと合っていた。
・ゴリラモンスターも歌を歌っている時の動作を考えた。自分たちで動作を考えて、楽しく演じることもできた。
・顔つき、声の高さ、動作を意識して観客の目を引くような演技をしています。こういう演技はうまさではなく努力で決まると思います。私が本当に求めているのは、「努力」「一生けんめい」です。私は演技が上手なわけではないので、「努力」で勝負しています。
・○○さんの歌は、体育館中に響きとてもきれいな歌声でした。すごいと思いました。まだ、手や足がとまっているので演技を大きくするふりを考えて、よい人をお手本にして頑張りたいです。

　学芸会が終わる。子どもたちは、元気に外遊びをする。特に男女一緒に遊ぶ姿が目立つようになった。言い争いも少なくなったように感じる。運動会や学芸会という大行事をやり終えた達成感のためなのだろうか。学級や学年が落ち

着いた学校生活を迎えた。85人の子どもたちと教師たちが、一つの劇づくりからたくさんのことを学ぶ経験をした。劇づくりをすることでどんなことを学んだのか。子どもたちの振り返りから子どもたちの学んだことが見えてくる。

○子どもたちの学び

- グループ学習で協力することの大切さ→力を発揮できた自信→自己肯定感をもつことができた
- 自分の役を演じることで自分を見つめることができた
- 友達の役を見ることで客観的な判断を学ぶことができた
- 全員で劇をつくり、全員でつくることの喜びを知った
- 自分の良さや適していることの再認識をした
- 自分の力を再認識した
- 舞台に全員立つことができた。また、照明や音効、大道具などの係の仕事の大切さを知ることができた

　劇づくりはあらゆる学習要素から成り立っている。イギリスのドラマ教育を学べばそのことが良くわかる。今回の劇づくりはドラマ教育と言ってもいいと私は思う。それは、学芸会当日まで動作や台詞を自分たちで考えて変えていくというプロセスを学び続けたからだ。今回の学芸会は、この劇づくりのプロセスを教師と子どもたちが協同して学び続けた。このように考えると子どもたちはドラマ教育の一部を学ぶことができた。

　劇づくりでは、役ごとのグループ学習を取り入れた。グループ学習を取り入れることでグループの団結力が強くなり、その力が劇中にも反映された。グループ学習というお互いがアドバイスをしながら一つの劇をつくることができたのではないかと思う。

　『あの日、青空に虹を見た』は子どもたちへのメッセージでもある。脚本の最後の台詞は、こう書いてある。

　これからよ
　そうさ、これからだ
　何回負けたって
　何回失敗したって

それがどうした
挑戦する気持ちを
持ち続ける
僕らの明日は
私たちの未来は
自分自身の力で
友達とスクラムを組んで
友達とスクラムを組んで突破する

　子どもたちに劇をつくることの楽しさと学ぶことの嬉しさを伝えたかった。今、学校に通えるということの幸せを知ってほしい学校に来て友達と一緒に学び合うことが、どんなに幸せなことなのかを知ってほしい。今現在の自分を精一杯生きてほしい。
　「１つのものをつくることで学び方を学ぶ」――私の好きな言葉だ。この脚本も、この台詞も、学校にいる子どもたちや先生方への応援歌だ。
宮城での１年間の生活が書かせてくれたと、私は思っている。

○同学年を組んだ先生方の感想

劇『あの日、青空に虹を見た』へ寄せて
　学芸会の劇を児童と一緒に創り上げていくことは、これまでも普通に行っていた。今回の実践も今までのイメージで取り組み始めたが、栗原先生のやり方には驚かされた。何に驚かされたのかというと、児童と一緒に創り上げていくことを「徹底的」にやったことだ。劇をよりよいものにするために児童のアイディアを常に募った。よいと思うものは、どんどん取り入れた。一つのことができれば、次のステップに上がるためのアイディアを常に求めた。児童もそれに応え、「こういう台詞を入れたい。」「ダンスの動きをつけ加えたい」「音楽や効果音を入れたい」などのアイディアを次々に出してきた。
　「さあ、完成だ」と思った本番３日前。さすがに、もう変わることはないだろうと思っていた。しかし、リハーサルの日も、児童鑑賞日も、保護者鑑賞日も、毎回新しいアイディアがつけ加えられた。劇は最後の日まで進化し続けた。徹底的にやることで、児童も「自分たちで創り上げた劇だ」と本気で感じていた。

本気でとことんやることの価値を、栗原先生に教えられた。　　（有水洋一先生）

子ども中心の劇づくり
　学芸会では児童の良いところをたくさん発掘でき、児童が自信を持つことができた行事になった。それはグループでの練習を取り入れたことと、全体で場面ごとの練習を見てよかった点を児童に発言させたことによるのではないかと思う。
　劇は一般的に主役が中心になりがちな傾向にある。この劇にも主役は存在するが、主役以外の役についた児童も自分の良さを発揮できた子が多かった。毎時間、役毎のグループ練習を短時間でも取り入れ、児童同士での教え合いや認め合いを通し、演技の工夫や力を合わせてつくろうという気持ちが生まれた。リーダーを中心としたグループ練習によって、自分たちで相談して考えた演技は気持ちが入り、ダンスや動きに輝きが生まれた。そして、演技が高まっていった。台詞を言っていない時の動きをどうするかが課題であったが、自分で考えたり友達の良いところを取り入れたりし、どんどん演技が本物に近づいた。
　全体練習では、場面ごとの練習をその場面に出ない児童で見て、演技の仕方を学んだり良いところを発表したりした。全体が褒められることでモチベーションが上がった児童も多い。良いところを認め合うことで、練習には温かい雰囲気が広がった。また、「みんなで一つのものをつくろう」という目的を常に確認し、意識づけをしたことも良かった。学芸会当日に力一杯ベストを尽くせたのは、子どもの力を信じて子ども中心に劇の練習を進めたからだと感じている。

（新藤美智子先生［仮名］）

　この二人の先生に支えられて劇づくりを行うことができた。脚本で困っている時にいつも優しい声をかけてくださった。今回の劇づくりを通して子どもたちに劇をつくる楽しさやおもしろさ、工夫することの必要性、みんなでつくりあげる素晴らしさを伝えることができたのではないかと思う。今回の劇づくりは、演劇教育のドラマの過程に重きを置いた「ドラマ教育」の実践だった。学年の有水先生や新藤先生、85人の子どもたちとスクラムを組んだ子どもたちへのメッセージでもあった。インプロを劇で活用し、子どもと先生でアイディアと工夫を出し合った劇『あの日、青空に虹を見た』を創り上げた。

6 │「体育」と「演劇教育」の融合

からだの内側から湧き上がる
やってみようとする「心とからだ」を
どのように耕すか――

（1）今、子どもは

　学力、体力とも二極化傾向にあると言われているが、この二極化から子どもたちの置かれている状況が見えてくる。幼少期から習い事や進学塾の生活漬けの日々を送る子どもがいる。有名小学校、中学校に入学するために生活のすべてが受験へと注ぎ込まれる。一方で、家庭が崩壊し生きていくのが精一杯の子どももいる。6人に1人という「子どもの貧困」は深刻な社会問題となっている。学力、体力の二極化はそれのみに止まらず子どもたちの置かれている家庭状況や社会状況、日本がどのような社会へと突き進んでいるのかが見えてくる。
　子どもと接していて学力、体力の差が激しい数値以上にあきらめにも似た「意欲」の乏しさに問題の根があるように感じている。この「意欲」の乏しさはどこから来ているのだろうと子どもを見ながら考えることがある。中学生に数学を教える機会があった。全く話をしない無表情なその子と数学で具体物、半具体物を操作し、何故そう考えたのか話し合い、説明し合う。途中休みを入れて学校や家での様子を聞いたりもした。インプロのミラーゲームやワンワードをやると大笑いした。一緒にバレーボールやバスケットをやったこともあった。3か月ぐらいするとその中学生は生き生きした表情で私に話しかけてきた。この子も自分の思いを伝えたかったのだと思う。
　子ども時代にしかできない遊びなどの経験をからだ全身でしてほしい。好きなことを追い求めてほしい。子ども自らが判断することを大事にしてほしい。そのような生活を切り拓いていく中で「意欲」は生まれてくる。親や教師は子どもの将来が心配でならないから、「あの子はこの先どうなるのだろうか」と先回りしてしまう。不安な世の中で子どものことを心配するのは当然と言えば当然だが、その期待や不安を背負っている子どもはぐったりし、無表情で言葉を発せない状況になっている。子ども時代の「今」の生活を大事にしてほしいと願わずにはいられない。
　子どもの声に耳を傾けてみよう。我儘な言い分が多いがじっと聞いてあげよう。その声の中には子どもの祈りが含まれているかもしれない。

（2）「心とからだ」を耕す

　「体ほぐしの運動」に演劇的手法のインプロやアクティビティを取り入れた授業づくりを試みる。本書の「動物運動会」「チャレンジ・インプロ体育」「表現」「毎日のレクレーション」を行い、スタートラインにさえ立てなかった子どもが楽しそうに友達と活動する姿が増えていくのが手に取るように伝わる。「かったるい」「塾までエネルギーを使いたくない」からだを動かそうとしない子どもの表情が変わり、大声を発して全身で楽しさを表現する。インプロやアクティビティは本来子どもの中にある楽しみたい気持ちや友達とかかわりたいという気持ちを引き出してくれる。感覚づくりを培うことにも活用できる。友達とかかわることで人との距離感や空間認知、バランスゲームなどでのバランス感覚、ミラーゲームや動物観察などでの逆さ感覚や支持感覚を楽しみながら養う。ゆったりとした「心とからだ」をほぐす運動は、からだの内側からやってみようという気持ちを掘り起こす。子どもが本来持っているやってみようとする「意欲」が湧き上がってくる。からだを動かすことが嫌いで拒否していた子どもの表情が変わり、やってみようという「意欲」に繋がり自己肯定感を育んでいく。大人が無理やり押し込んだ「意欲」ではなく、体の内側から湧き上がる「意欲」は子どもたちの生きる力に繋がる。子どもたちの「意欲」の乏しさは、子どもの気持ちを待てずに無理やり押し込んだことや放任し放題の結果なのかもしれない。

　演劇的手法であるインプロやアクティビティは子どもが本来持っている楽しみたい気持ちや友達とかかわりたいという気持ちを掘り起こし、子どもが育つために必要な土台作りをする。土台をゆっくりと豊かに耕すことができればその後は即興ダンスや表現活動、体育以外の学びへと繋がっていく。大事なことは子どもの土台である「心とからだ」をゆっくり豊かに丁寧に耕していくことだ。そのためには子どもとのかかわりに目を向けなくてはならない。子どもの発する言葉や表情を読み取りかかわりを深めることでインプロやアクティビティの手法は活きる。手法は手段であって用いるのは教える側の教師であり教わる側の子どもなのである。だからこそ教師は謙虚に学ばなくてはならない。

あるワークショップを行った時、参加者同士ペアでミラーゲームをアイコンタクトしながら相互に動いていく動作を見て感心したことがあった。こんなにもからだを柔軟に自由にお互いが開いていけるものだと見とれてしまった。ミラーゲームはそれまで単純なインプロゲームだと思っていたが、その単純だと思っていたゲームは奥がいくらでも深くなるのだということが分かった瞬間だった。1つのインプロの手法は用いる者によっていくらでも工夫の余地がある。どこまで広く深く工夫して創り上げていくかというプロセスが学ぶことであり、「心とからだ」を開くことと密接に結び付くと私は思っている。学ぶことの本当の楽しさはものを創っていくプロセスであり、インプロやアクティビティは「心とからだ」を開く有効な手法である。

（3）学び合えることの幸せを伝える

　本書に記した大学院の演劇教育との出会い、インプロの「相手にいい時間を与えよう」という考えは長年私が教師として追い求めていたものだった。インプロとの出会いが心にエネルギーを与えてくれた。学びとは本来競争ではなくお互いが考えを出し合い、話し合い、深めていくものであり、対話を通して相手を尊重していくものである。

　宮城県大河原町での1年間の教員生活は「ここに教育が存在している」と言えるものであった。地域で子どもが子どもらしく成長し、その成長を地域の人たちが祝う。そこに教育の根幹があるのだと感じることができた。学校行事「もがり祭り」を地域に宣伝する「もがり祭りパレード」が祭り3日前に行われた。12グループがそれぞれ作った神輿を担いで地域を練り歩く。子どもたちは学級園で採れたさつまいもと招待状を道路の端に立つ地域の人に手渡す。「○○ちゃん、ありがとう」。地域の人が嬉しそうに子どもから受け取る。緊張した表情の子どもとその姿を笑顔で見守る地域の人たちの光景が今でも目に焼き付いている。後ろで見ていてとっても大事なものをいただいたように思えた。歩きながら涙が止まらなかった。

　「1つのものをつくることで人は学び方を学ぶことができる」

　私の好きな言葉であり、目指している言葉でもある。日々の授業はもとより運動会や学芸会、合唱祭、展覧会など1つのものをつくるプロセスは、人とのかかわりを築き、考え方ややり方を学び合い、お互いが考えを取り入れることができる。その1つ1つの出来事が子どもたちの生きていく力になっていく。さらに子どもの生活に結びつき、活かし、耕すことのできる学びになるよう考えていきたい。

　本書では「体育」と「演劇教育」について記したが、演劇教育は日常生活や各教科にも十分活かすことができる。演劇的手法であるインプロは体育や国語、算数、先日は理科で活用している授業にも出会った。最近耳にするアクティブ・

ラーニングはからだと頭を働かせた授業形態だが演劇的手法は十分活用することができるものである。手法を活用するだけではなく、子どもたちの「心とからだ」を開放してほしい。学び合うことや失敗を認め合うということを伝えることができれば社会問題になっているいじめや暴力は明らかに減少する。

　いじめや暴力が減少しないのは学力と体力の二極化や勝ち組負け組という勝敗にこだわり過ぎている風習が強すぎるからである。負け組はどう生きていけばいいのかと思う子どもは少なくはないだろう。もちろん勝敗や競争のすべてが悪いとは思わない。ただ過度の勝敗や競争は子どもの人生への失望に繋がる。子どもに優しい社会、学校にしなくてはいけない。そう思うとやらなければならないことは少なくはない。競争原理の中に浸り切っている子どもたちや学ぶことに諦めている子どもたちに、学び合えることの幸せを少しでも伝えられればと願っている。

おわりに

　本書の原稿を書いて5年が過ぎました。読み返してみると懐かしいことばかりです。大学院の授業を受けた日々のことや修士論文の題目探しで戸惑った日々のことは苦しくもいい思い出です。高尾隆准教授の授業で出会ったインプロの考え方、「相手にいい時間を与えよう」「失敗してもいいんだよ」「できることをやろう」を聞いてホッとした気持ちになったことを覚えています。箱根合宿で夜を明かし議論したことや夏季集中ゼミ最終日の小金井アートスポットでのインプロ公演も思い出されます。演劇教育のことが知りたくてワークショップや演劇の集会に参加しました。今も研究会に参加してインプロやアクティビティの研究を続け授業に活かしています。

　宮城派遣での大河原南小学校の1年間は素直で素敵な子どもたちと温かく優しい先生方との出会いでした。子どもたちと30分休みに700mの外周をランニングしたことや縄跳び、遊具で遊んだこと、インプロをしたことが思い出されます。本書にも記しましたが、道端にコスモスが咲く10月の「もがり祭パレード」で、子どもが照れながらも宣伝チラシと学級園で採れたサツマイモを地域の人へ手渡す光景が今も目に焼き付いています。子どもたちが神輿を担いで練り歩く中、保護者や地域の人たちが道の端に立ち温かく見守る姿に熱いものがこみ上げ、とても大切なことを教えていただいたように思います。

　職場では充実した日々を送ることができました。宮城、出形、岩手、福島の温泉ツアーに連れて行ってもらいました。「忘年会は遠刈田温泉に泊まり込み」と聞いてびっくりしたこともいい思い出です。休日は被災地の石巻、松島、名取、亘理、山元町、福島県の相馬近辺の町や海岸を歩き回りました。ボランティアに参加したこともありました。1年間を通して学ぶことの多い日々になった

おわりに

のも職場の先生方のお蔭だと感謝しています。

　宮城から東京に戻ってからの１年間は、職場の方々に支えられました。とくに一緒に学年を組んだ有水洋一さん、新藤美智子（仮名）さんにはお世話になりました。本書に記した運動会と学芸会の実践はこの２人の先生の励ましや協力があったからできたのです。退職の年まで働くことができたのは周りの先生方のお蔭です。

　2018年5月現在、私は東京都公立学校に勤務しています。夕方からはＮＰＯ法人の学習支援事業の塾で小学生や中学生にかかわっています。子どもたちの姿は社会の姿を反映します。親は勝ち組にするため子どもに大きな期待をします。その期待に押しつぶされた子どもの姿や経済的に苦しい家庭の子どもたちの姿を見るたびに「今」という子ども時代にしかできない遊びや学習、生活、人とのかかわりを大切にしてあげたいと思います。受験生には高校に合格してほしいですし、不登校の子どもには学校に行ってほしいです。学校に行くことができないのならこの塾だけでも来てほしいと思います。友達とかかわれない子には心に籠もっている気持ちを話してほしいですし、どんなことでも聴いてサポートしたいです。その思いはインプロの「相手にいい時間を与える」「失敗してもいいんだよ」「できることをやろう」に繋がるように思います。

　最後にこの本を書くにあたり、神保町の喫茶店で助言し励ましてくださった晩成書房の水野久さんに深く感謝申し上げます。

　　2018年5月吉日

　　　　　　　　　　　心落ち着く神保町にて　　　　栗原　茂

参考文献

- 中島裕昭他『ドラマ教育入門』図書文化，2010 年
- 高尾 隆『インプロ教育：即興演劇は創造性を育てるか？』フィルムアート社，2006 年
- 高尾 隆・中原 淳『インプロする組織』三省堂，2013 年
- 絹川友梨『インプロゲーム』晩成書房，2008 年
- 絹川友梨『ワークショップリーダーへの道』晩成書房，2005 年
- 今井 純『キース・ジョンストンのインプロ』論創社，2013 年
- 竹内敏晴『「からだ」と「ことば」のレッスン』講談社現代新書，1990 年
- 竹内敏晴『からだ・演劇・教育』岩波新書，1989 年
- 佐藤 信『学校という劇場から』論創社，2011 年
- 日本演劇教育連盟編『演劇教育入門』晩成書房，1978 年
- 福田三津夫『実践的演劇教育論』晩成書房，2013 年
- 武田富美子『学びの即興劇』晩成書房，2007 年
- 佐伯 胖他『まなびを学ぶ』東京大学出版会，2012 年
- 佐伯 胖『「学ぶ」ということの意味』岩波書店，1995 年
- 佐伯 胖『「わかる」ということの意味』岩波書店，1995 年
- 佐伯 胖『「学び」を問いつづけて』小学館，2003 年
- 佐伯 胖『「わかり方」の探究』小学館，2004 年
- 山本麻子『ことばを鍛えるイギリスの学校』岩波新書，2003 年
- 山本麻子『ことばを使いこなすイギリスの社会』岩波新書，2006 年
- 秋田喜代美『学びの心理学』放送大学叢書，2012 年
- 上田信行・中原 淳『プレイフル・ラーニング』三省堂，2013 年
- 福田誠治『競争やめたら学力世界一』朝日新聞社，2006 年
- 福田誠治『フィンランドはもう「学力」の先を行っている』亜紀書房，2012 年
- 久保 健『「からだ」を生きる』創文企画，2005 年
- 久保 健「からだをひらく教育実践の課題」/『教育』1999 年 12 月号，国土社
- 佐藤 学「子どもの身体に潜む暴力」/『ひと』1997 年 10 月号，太郎次郎社
- 佐藤 学『教師たちの挑戦』小学館，2003 年
- 佐藤 学『授業を変える学校が変わる』小学館，2009 年
- 佐藤 学『教育の方法』左右社，2010 年

参考文献

- 柴田義松『ヴィゴツキー入門』子どもの未来社，2006年
- 中野民夫『ワークショップ』岩波新書，2001年
- 鴻上尚史『発声と身体のレッスン』白水社，2002年
- 成井 豊『成井豊のワークショップ』論創社，2010年
- 平田オリザ，蓮行『コミュニケーション力を引き出す』PHP新書，2009年
- 平田オリザ『演技と演出』講談社現代新書，2004年
- 平田オリザ『演劇のことば』岩波書店，2004年
- 平田オリザ『演劇入門』講談社現代新書，1998年
- 羽鳥 操，松尾哲矢『身体感覚をひらく』岩波ジュニア新書，2007年
- 正木健雄「今日の子どもの『荒れ』と身体の問題」/『教育』1997年12月号，国土社
- 正木健雄『からだづくり・心づくり』農文協，2004年
- 正木健雄他『脳をきたえるじゃれつき遊び』小学館，2009年
- 村田芳子『「体ほぐし」が拓く世界』光文書院，2001年
- 山内基広『大好きになる体育の授業』日本標準，2007年
- 渡部 淳『知のスキル表現のスキル』東京図書，2007年
- 柏木惠子『子どもが育つ条件』岩波新書，2008年
- 桜井茂男『学習意欲の心理学』誠信書房，1997年
- 佐々木正人『からだ：認識の原点』東京大学出版会，1987年
- 佐々木正人『知覚はおわらない』青土社，2000年
- 浜田寿美男『子ども学序説』岩波書店，2009年
- 浜田寿美男『子どものリアリティ学校のバーチャリティ』岩波書店，2005年
- 脇 明子『物語が生きる力を育てる』岩波書店，2008年
- 岩波書店編集部編『3.11を心に刻んで2013』岩波ブックレット865，2013年
- 富永良喜『大災害と子どもの心』岩波ブックレット829，2012年
- 日本経済新聞社『記憶　忘れてはいけないこと2』日本経済新聞社，2011年
- 宮城県教職員組合編『東日本大震災　教職員が語る　子ども・いのち・未来』明石書店，2012年

【著者紹介】

栗原　茂（くりはら・しげる）
1953年生まれ。
元東京都公立小学校主幹教諭。
大学卒業後、東京都公立小学校教諭として35年間勤務。
体育の研究に長年従事。
在職中に、東京学芸大学大学院総合教育開発「表現教育」修了。
大学院では「心とからだ」を研究テーマとして、インプロやアクティビティを活用した授業づくりを行う。
2014年3月定年退職。
現在、東京都八王子市立陶鎔小学校講師。
学校体育研究同志会会員、獲得型教育研究会会員。
［著者連絡先］
sige2009peacedesu@yahoo.co.jp

体ほぐし・インプロ・表現
――体育と演劇教育で〈生きる力〉を育む

| 2018年8月10日 | 第1刷印刷 |
| 2018年8月15日 | 第1刷発行 |

著　者　栗原 茂
発行者　水野 久
発行所　株式会社　晩成書房
●〒101-0064 東京都千代田区神田猿楽町2-1-16
●電　話　03-3293-8348
●ＦＡＸ　03-3293-8349
印刷・製本　株式会社 ミツワ

乱丁・落丁はお取り替えします
ISBN978-4-89380-474-7 C0037
Printed in Japan